BLUMEN UND BLÜTEN

Blumen und Blüten

Sticken ist ein schönes Hobby. Es entspannt und gibt kreative Impulse.
Gute Anleitungsbücher gehören dazu.

Seit mehr als 30 Jahren steht Christophorus für praxisbezogene
Literatur zur Freizeitgestaltung. Genauso wie dieser Band ist jeder Titel
aus dem Christophorus-Verlag mit viel Sorgfalt erarbeitet.
Das erklärt, warum unsere Bücher jährlich so vielen zufriedenen Lesern
Freude bringen.

SIEGRUN BOSS-KULBE

BLUMEN UND BLÜTEN

Zauberhafte Kreuzstichmotive

CHRISTOPHORUS
EDITION ZWEIGART

Inhalt

Vorwort

Die Kreuzstich-Stickerei zählt zu den beliebtesten Handarbeiten. Gestickt wird auf fadengeraden, d.h. zählbaren Gewebearten aus Baumwolle und Leinen. Je nach ausgewähltem Design können Sie zarte Motive bis hin zu flächenfüllenden und dekorativen Stickereien arbeiten.

Frühlings-, Sommer- und Herbstblumen begleiten durch diesen Band. Die Blumenmotive sind als Geschenk oder Mitbringsel besonders geeignet, da sie in kurzer Zeit gestickt werden können. Aber auch um die eigene Wohnung zu verschönern, finden Sie zahlreiche Gestaltungsvorschläge für Decken, Sets oder Stickmusterbilder.

Alle abgebildeten Handarbeitsstoffe sind in ihrer Beschaffenheit detailliert beschrieben. Das erleichtert Ihnen die Auswahl, wenn Sie Motiv und Anwendungsbeispiel ganz nach Ihrem persönlichen Verwendungszweck kombinieren möchten.
Stickanleitung und Hinweise zur Pflege garantieren, daß Ihre Stickerei sicher gelingt und Sie daran lange Freude haben.

Stickanleitung

Sticken Sie immer zuerst die Kreuzstichmotive. Danach werden die Formen, wie angegeben, mit Rückstich umrandet. Sie werden dadurch plastisch hervorgehoben und farblich vom Grundstoff abgesetzt. Deshalb kommen auch Stickgarnfarben, die nur etwas heller oder dunkler als der Grundstoff sind, deutlich zur Geltung, und Sie können die Stickmotive problemlos auch auf andere Stoffarben umsetzen.

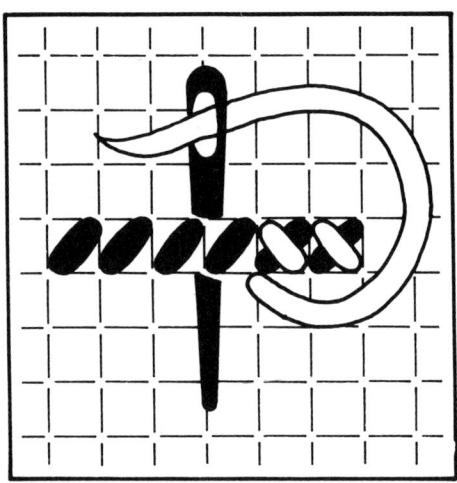

KREUZSTICH

Der Kreuzstich gehört zu den flächenfüllenden Stichen. Zuerst die Grundstiche sticken und darüber die Deckstiche. Sie müssen alle in gleicher Richtung liegen. Ein Kästchen der Zählvorlage ist immer ein Kreuzstich.

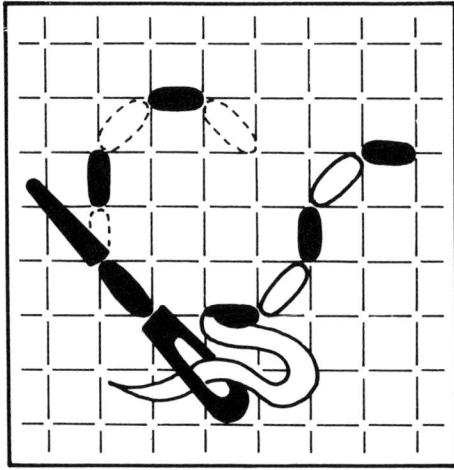

HOLBEINSTICH

Der Holbeinstich ist ein Konturstich. Zuerst jeden zweiten Stich sticken und bei der Rückreihe die Lücken füllen. Er eignet sich besonders für Bänder, da er auf der Rückseite gleich aussieht.

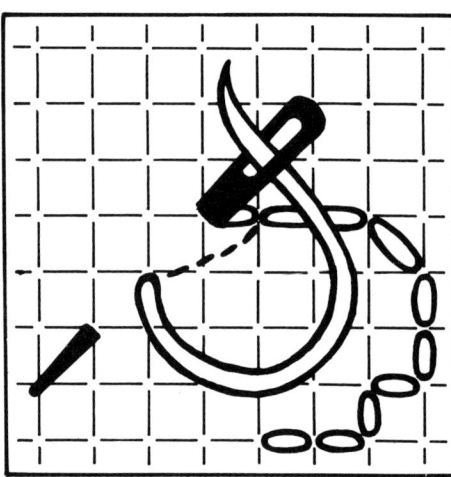

RÜCKSTICH

Der Rückstich wird ebenfalls zum Nachsticken von Linien und Konturen eingesetzt. Er wird von rechts nach links gearbeitet und geht auf der Rückseite über zwei Stiche.

Säume

Doppelter Saum mit Briefecke

Zuerst für die Hohlsaumlinie an allen vier Seiten jeweils nur von Ecke zu Ecke einen Faden herausziehen. Achtung: Im Saumbereich den Faden nicht herausziehen! Den überstehenden Stoff nach 3 x Saumbreite abschneiden.

Skizze a: Saumbreite 1, Umschlag 2, Einschlag 3 markieren. Skizze b: Einschlag und Ecke falten, schraffierte Ecke abschneiden. Skizze c: Saumumschlag legen und heften. Die schräge Briefecke mit kleinen Saumstichen schließen und den Saum im Hohlsaumstich arbeiten.

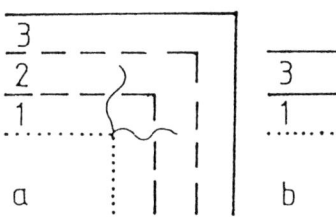 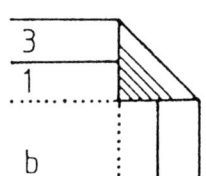 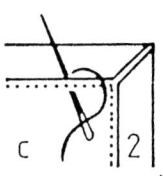

Hohlsaum

Den Hohlsaumstich von der linken Gewebeseite arbeiten. Mit der Nadel abwechselnd je zwei Fäden entlang der ausgezogenen Linie fassen und dann zwei Gewebefäden senkrecht in den umgeschlagenen Saum stechen.

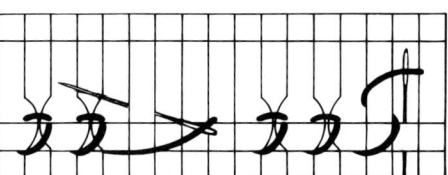

Tütenecken

Die Schnittkante zuerst versäubern, dann das Band rechts auf rechts der Länge nach zur Hälfte falten. Laut Skizze eine gerade Naht steppen und dabei die Nahtenden sichern. Die Nahtzugabe beträgt ca. 8 mm.

Die Nahtzugabe auseinanderstreichen und an der Spitze eine kleine Tüte legen, nicht abschneiden. Nun die Ecke wenden, dabei die Nahtzugabe mit den Fingerspitzen festhalten. Die Spitze mit der Sticknadel vorsichtig herausziehen.

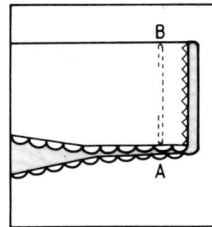 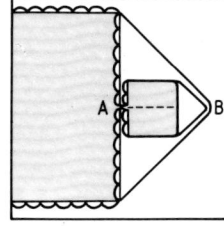

BERECHNEN UND ANNÄHEN DER SPITZE

Spitzenverbrauch

Die Angaben für den Spitzenverbrauch gelten für die Original-Modellgrößen. Wenn Sie mehr Rand stehen lassen oder eine breitere Spitze wählen, brauchen Sie auch mehr Spitze. Der Spitzenverbrauch errechnet sich aus der Formel: 2 x Länge + 2 x Breite + 8 x Bortenbreite + 5 bis 10 cm Zugabe. Da die Spitzenenden etwas übereinandergenäht werden, rechnen Sie noch ein paar Zentimeter Spitze zur Sicherzeit dazu.

Annähen der Spitze

Bei rechteckigen und quadratischen Modellen wird die Spitze an den Ecken so im rechten Winkel angesteckt, daß sich eine Tüte bildet (1).

Die Tüten auf die Rückseite durchstecken, abnähen und ausbügeln (2).

Von rechts die Spitze annähen. Bei festen und feinen Spitzen, die nicht stark ausfransen, kann man die Tüten abschneiden und die Ecke versäubern (3).

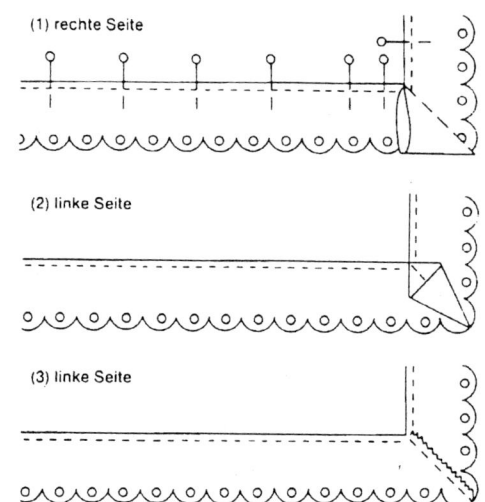

(1) rechte Seite

(2) linke Seite

(3) linke Seite

STOFFKAUF

Denken Sie beim Stoffkauf daran, daß Sie immer Saumzugaben berücksichtigen, und geben Sie je nach Größe des Modells 5 bis 15 cm Stoff zur Sicherheit dazu.

NADELN

Für gezählte Stickereien verwenden Sie immer eine stumpfe Sticknadel, also eine Nadel ohne Spitze.

STICKGARN

Alle Modelle sind mit Sticktwist gearbeitet. Wie der 6-fädige Sticktwist je nach Stichgröße aufgeteilt wurde, ist bei den Stickanleitungen vermerkt.

STICKEN NACH DER ZÄHLVORLAGE

Jedes Symbol steht für einen Kreuzstich. Bei größeren Motiven beginnen Sie mit dem Sticken am besten in der Mitte. Markieren Sie die Mitte mit einem Faden, und achten Sie darauf, daß der Abstand zwischen den Rändern und der Stickerei gleichmäßig ist.

PFLEGEHINWEISE

Je nach Verwendungszweck kann es notwendig sein, daß Sie Ihre Stickerei waschen müssen.

Gesticktes sollte sorgfältig behandelt werden, darum einige Tips zur Pflege: Wenn Sie die Stickerei nicht von Hand waschen möchten, was zweifellos das schonendste ist, sollten Sie diese kostbare Handarbeit in ein Säckchen oder einen Kissenbezug stecken, um sie vor unnötiger Beanspruchung zu schützen.

Aus diesem Grund dürfen Stickereien grundsätzlich nicht geschleudert werden und gehören keinesfalls in den Trockner, da durch das Ziehen und Herumwirbeln die Gewebestruktur gelockert wird.

Stickereien nur auf der Rückseite mit einem darübergelegten, feuchten Tuch bügeln. Ihre gestickten Werke werden so auf Dauer ihre Haltbarkeit und reizvolle Optik behalten.

Wasch- und Bügeltemperaturen richten sich immer nach dem schwächsten Glied. Wenn Sie z. B. Gold- und Silbergarne versticken, dürfen Sie mit maximal 30°C waschen und bei geringer Temperatur bügeln, auch wenn beim Gewebe 95°C und für das Bügeln „drei Punkte" angegeben sind. Achten Sie also grundsätzlich auch auf die Pflegevorschriften der Stickgarnhersteller.

Um die Farben unverändert zu erhalten, immer Waschmittel ohne Aufheller verwenden.

DAS RAHMEN VON BILDERN

Der Fachhandel bietet eine große Auswahl unterschiedlichster Rahmenleisten in verschiedenen Breiten, Materialien und Farben mit passenden Passepartout-Kartons an. Am einfachsten ist es, Ihre fertige Stickerei dort rahmen zu lassen.

Weniger kostspielig ist es allerdings, einen bereits konfektionierten, zu Ihrer Wohnung und Ihrer Stickerei passenden Rahmen im Hobbymarkt oder Kaufhaus auszusuchen und selber zu rahmen. Sie benötigen dafür außer dem Rahmen Vliesstoff und festen Karton in der Größe der Rahmenrückwand und Doppelklebeband.

Vor dem Rahmen die Stickerei auf der Rückseite dämpfen. So treten die Motive plastischer hervor, und kleine Unregelmäßigkeiten können noch ausgeglichen werden. Das Gewebe in den Maßen der Rahmenrückwand plus 3 cm Stoffzugabe an jeder Seite zuschneiden. Zuerst den Vliesstoff, dann den Karton auf die Rückseite der Stickerei legen (Skizze 1). Die überstehenden Stoffecken bis zum Karton einschneiden (Skizze 2). Den überstehenden Stoff über den Karton klappen und mit Doppelklebeband befestigen (Skizze 3). Darauf achten, daß das Gewebe fadengerade befestigt wird.

Den Passepartout-Karton können Sie selbst aus farbigem Karton schneiden. Das Stickereiformat auf den Karton übertragen. Um dieses Rechteck oben, rechts und links eine zweite Linie in gleichem Abstand zeichnen. Am unteren Bildrand aus optischen Gründen das Passepartout etwas breiter lassen. Dieses zweite Rechteck mit einem scharfen Messer ausschneiden. Das Außenmaß des Passepartouts entspricht dem Rückwandmaß.

Das Passepartout und die montierte Stickerei in den Rahmen legen. Mit der Rückwandplatte alles abdecken. Die Montageklammern so befestigen, daß die Aufhängung oben ist.

Stickereien werden meist ohne Glasscheibe gerahmt. So wirken die Stiche plastischer, und die Farben kommen besser zur Geltung. Stickbilder, die in der Küche hängen, sind allerdings hinter Glas besser geschützt.

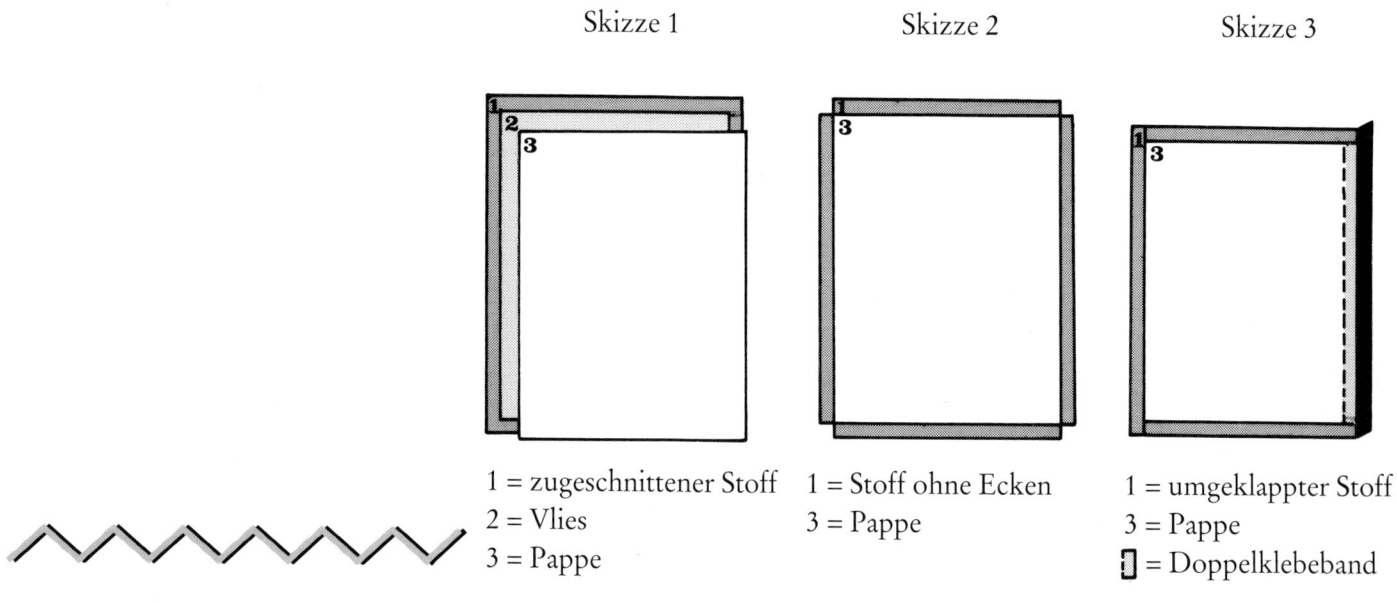

Skizze 1

Skizze 2

Skizze 3

1 = zugeschnittener Stoff
2 = Vlies
3 = Pappe

1 = Stoff ohne Ecken
3 = Pappe

1 = umgeklappter Stoff
3 = Pappe
▯ = Doppelklebeband

Zweigart Gewebearten

KREUZSTICH-ZÄHLSTOFFE

Das wesentlichste Merkmal eines Handarbeits-Zählstoffes ist seine quadratische Gewebestruktur. Das heißt, Längs- und Querfadensystem haben die gleiche Anzahl Fäden auf zehn Zentimeter. Das ist wichtig, damit Kreuzstichbordüren in beiden Richtungen gleich breit und Mustersätze gleich lang werden. Auch Einzelmotive entsprechen somit wirklich der Zählvorlage und erscheinen nicht verzerrt. Und nicht zuletzt sollen die Blumenkränze auch rund werden.

Aus dem breiten Angebot der ZWEIGART-Handarbeitszählstoffe sind nachstehend die Gewebe beschrieben, die in diesem Buch verwendet sind. Wenn Sie ein feineres oder groberes Gewebe wählen, ändern sich die Maße und damit auch der Stoffbedarf.

DAVOSA 3770

ca. 71 Gewebefäden = 10 cm
Gewebebreiten: 140 und 180 cm
Material: 100% Baumwolle
Ausrüstung: pflegeleicht
Waschen: helle Farben 95°C
           dunkle Farben: 60°C
Bügeln: •••

DAVOSA ist ein glatter Handarbeitsstoff aus reiner Baumwolle. Seine Gewebefäden bestehen aus feinen, mehrfach zusammengezwirnten Einzelfäden. Dadurch wird der Gewebefaden rund und gleichmäßig. Es entsteht eine klare, leicht zählbare Gewebestruktur, die für Kreuzstich besonders gut geeignet ist. Obwohl das Gewebe zu den gröberen Handarbeitsstoffen gehört, ist es durch diese dünnen Einzelfäden nicht zwangsläufig rustikal. Wenn Sie noch nie Kreuzstich gezählt haben oder Ihnen die feinen Auszählarbeiten zu anstrengend sind, ist dies das richtige Grundgewebe. Zudem können Sie aus einer großen Farbpalette auswählen.

LUGANA 3835

ca. 100 Gewebefäden = 10 cm
Gewebebreiten: 140 und 170 cm
Material: 52% Baumwolle
        48% Viskose
Ausrüstung: pflegeleicht
Waschen: 60°C
Bügeln: •••

LUGANA ist ein gleichmäßiger, eleganter Handarbeitszählstoff in Leinwandbindung. Seine regelmäßige, perlige Struktur bekommt er durch den runden, dreifachen Zwirn; er bleibt daher trotz seiner höheren Dichte gut zählbar. Die Viskosebeimischung verleiht ihm den typischen sanften Glanz. LUGANA ist ein ideales Gewebe für zarte, filigran ausgearbeitete Blumenmuster. Das beste Beispiel dafür ist bereits die Tulpendecke auf dem Titel.

DUBLIN 3604

ca. 100 Gewebefäden = 10 cm
Gewebebreiten: 140 und 170 cm
Material: 100% Reinleinen
Waschen: 95°C
Bügeln: •••

DUBLIN ist das klassische Siebleinen. Das offene Gewebe aus glattem, edlem Flachsgarn in feiner Ausspinnung wirkt zart und transparent. Wenn nun noch romantische Kreuzstichblüten hinzukommen, entsteht eine besondere Kostbarkeit.
Wegen der Transparenz des Gewebes müssen Sie besonders auf die Rückseite der Stickerei achten. Den Stickfaden nie von Farbfläche zu Farbfläche spannen, sondern immer in der Stickerei entlangführen oder in ähnlichen Farben vernähen, da das Stickgarn durchscheint.

BELFAST 3609

ca. 120 Gewebefäden = 10 cm
Gewebebreite: 140 cm
Material: 100% Leinen
Waschen: 95°C
Bügeln: •••

BELFAST ist ein feines und glattes Reinleinengewebe aus Langfaserflachsgarn, im Gegensatz zu DUBLIN dicht gewebt und trotzdem gut zu zählen. Die natürliche Struktur des Flachsgarns unterstreicht die Wirkung feiner, zarter Kreuzstichstickereien. Besonders wenn Sie zu den geübten Stickerinnen gehören, werden Sie mit Begeisterung zu diesem edlen Material greifen.

ANNABELLE 3240

ca. 112 Gewebefäden = 10 cm
Gewebebreiten: 140 und 180 cm
Material: 100% Baumwolle
Ausrüstung: pflegeleicht
Waschen: 60°C
Bügeln: •••

ANNABELLE ist ein feines, dichtes Strukturgewebe aus reiner Baumwolle. Es wird durch schwache Flammen in großen Abständen belebt und bleibt dabei gleichmäßig und gut auszählbar. Seine Oberfläche hat Leinencharakter, gleichzeitig aber die Pflegeeigenschaften von reiner Baumwolle und ist daher leichter zu bügeln. Für Liebhaber sehr feiner Kreuzstich-Arbeiten ist es ein ideales Grundgewebe.

AIDA-KREUZSTICHBÄNDER

ca. 60 Stiche = 10 cm Länge
Material: 100% Baumwolle
Waschen: 60°C
Bügeln: •••

AIDA-Kreuzstichbänder sind feine AIDA-Zählstoffe mit befestigten Rändern. Durch die spezielle Bindungstechnik entstehen klare Stichquadrate. Sie bestehen aus jeweils drei dünnen Einzelfäden, wobei Ein- und Ausstichstellen durch kleine Löcher im Gewebe deutlich gekennzeichnet sind. Mit 60 Stichen auf 10 Zentimeter entspricht die Stichgröße BELFAST, wenn über zwei Fäden gestickt wird. Es ist ein sehr feiner Zählstoff, jedoch durch die AIDA-Bindung ein besonders gut zählbarer. Die Bänder gibt es in mehreren Breiten und mit verschiedenen Farben in den Bogenkanten.
Wenn Sie die Bänder auf andere Gewebe aufnähen, müssen Sie den unterschiedlichen Einsprung bei der Wäsche berücksichtigen. Also am besten beide Teile vorher waschen.

7107: Bortenbreite 5 cm = 26 Stiche
7008: Bortenbreite 8 cm = 42 Stiche

Bunte Blüten ∿∿∿∿∿∿∿∿∿∿∿∿∿∿∿

Ein solch fröhliches, buntes Blütenherz ist das richtige Begrüßungsgeschenk für ein Neugeborenes.

STICKBILD ZUR GEBURT
BELFAST 3609/23 natur-meliert

Motivgröße:
139 x 102 Stiche = ca. 22 x 16 cm
Stoffzuschnitt: je nach Rahmengröße

STICKTWIST, 2-fädig

1 KÄSTCHEN = 2 GEWEBEFÄDEN

Mit Hilfe des Alphabets und der Zahlen auf Seite 38 können Sie jeden beliebigen Namen mit dem Geburtsdatum sticken.
Die Buchstaben von der Mitte her einteilen. Je nach Wahl des Rahmens (siehe Beschreibung auf Seite 10) wirkt die Stickerei romantisch üppig oder natürlich sommerlich.

Zählvorlage auf Seite 16 und 17

15

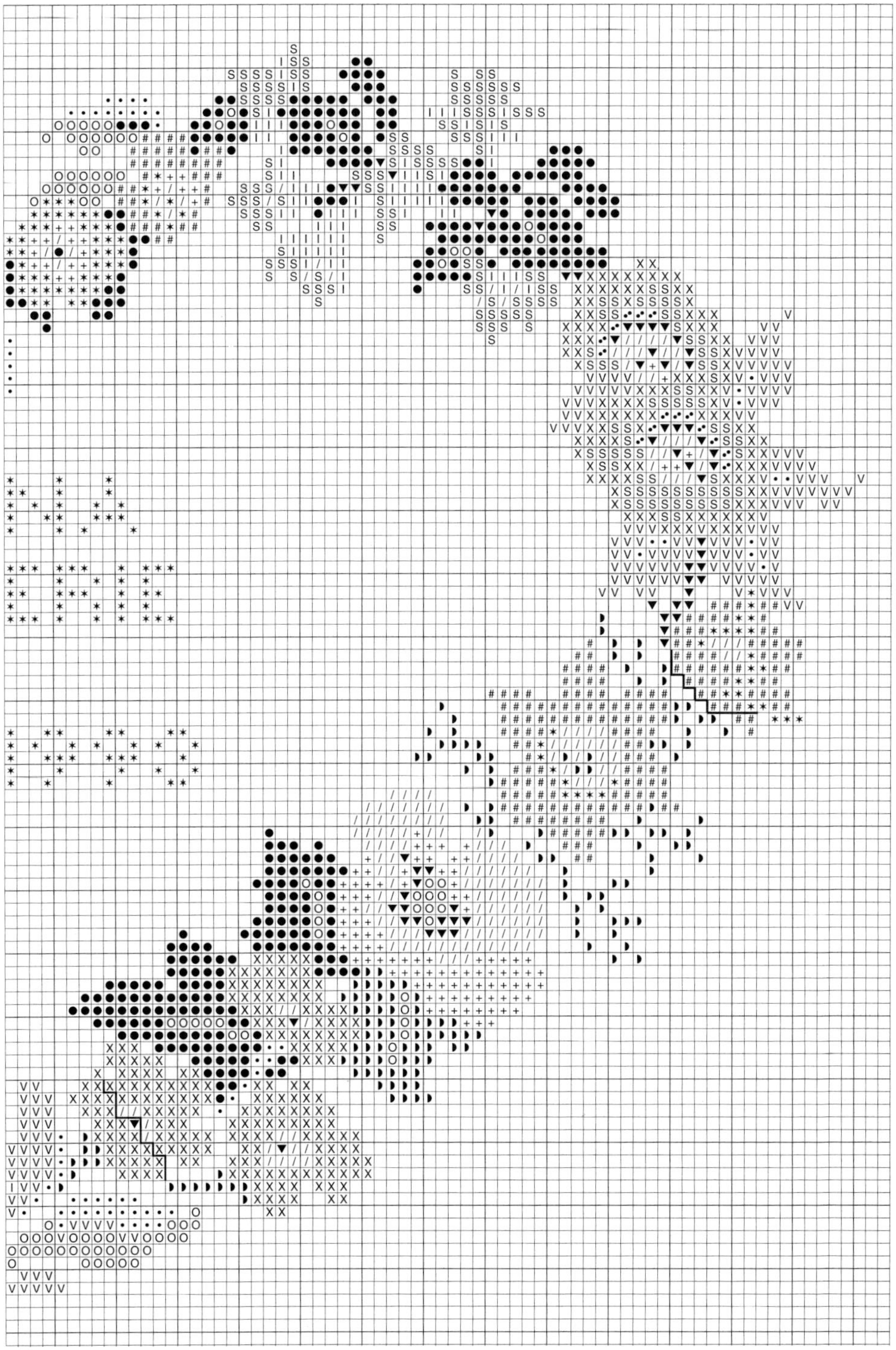

▲
Mitte

Zählvorlage zu Seite 14 und 15

lila, hell
✻ violett
/ ginstergelb
+ goldgelb
▼ braun
◗ olivgrün, dunkel
V tannengrün
● laubgrün
•• antikrosa, hell
S antikrosa
I altrosa, dunkel
X karminrot
O olivgrün
• resedagrün

Konturen:
lila Blüte: violett
rote Blüten: braun

Stiefmütterchen

PASTELLGRÜNES SET

DAVOSA 3770/605 pastellgrün
Spitze: 7270/6

ROSAFARBENES SET

DAVOSA 3770/411 rosé
Spitze: 7270/41

FLIEDERFARBENES SET

DAVOSA 3770/516 hellflieder
Spitze: 7270/54

Motivgröße: 30 x 105 Stiche
Stoffgröße: ca. 44 x 35 cm
Fertiggröße: 47,5 x 38,5 cm
Spitze: ca. 180 cm, 2 cm breit

STICKTWIST, 3-fädig

1 KÄSTCHEN = 2 GEWEBEFÄDEN

Mit Heftstichen die Mitte des Sets wie auf der Zeichnung markieren. Das Motiv so auszählen, daß am linken Rand 6 cm Abstand sind.
Nach dem Sticken um das Set eine Spitze nähen (Beschreibung auf Seite 8).

Zählvorlage auf Seite 20

Stiefmütterchen blühen fast das ganze Jahr über in den phantasievollsten Farbkombinationen. Ihre fröhliche Farbigkeit macht auch Ihren Frühstückstisch bunter.

Kombinieren lassen sich diese Blüten sowohl mit weißen, modernen Porzellanformen als auch mit pastelligem Steingutgeschirr. Sie sind im Nu gestickt.

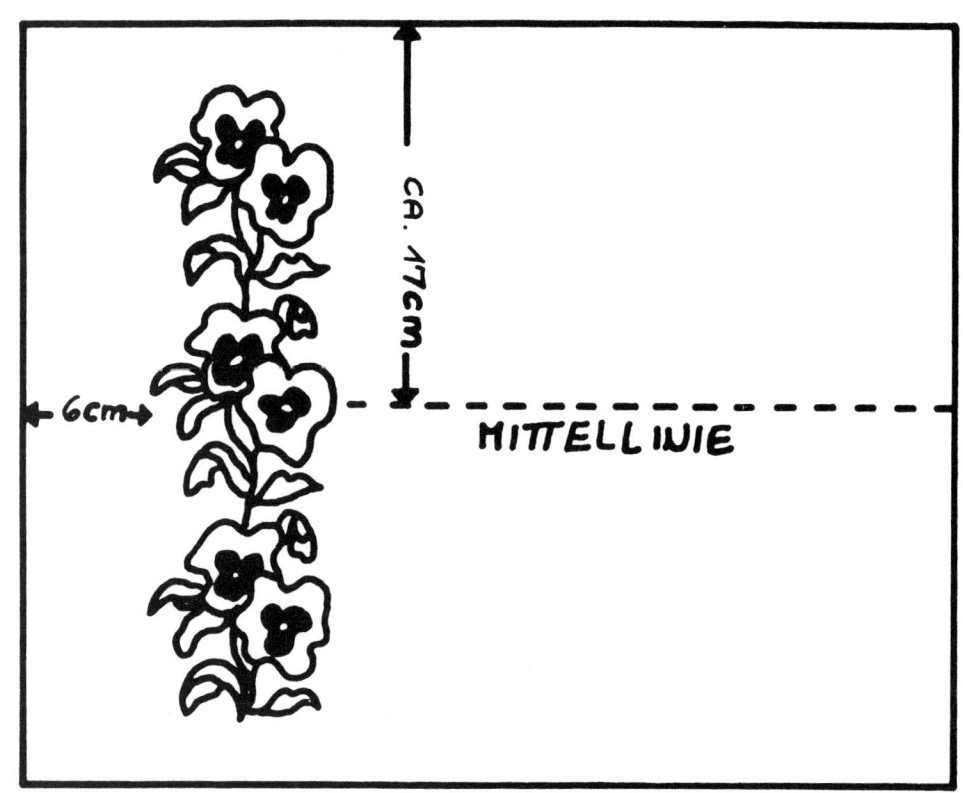

CA. 17CM

6CM

MITTELLINIE

Zählvorlage zu Seite 18 und 19

Pastellgrünes Set

● dunkelbraun
S goldgelb, dunkel
X kanariengelb
I sonnengelb
+ beige
# olivgrün
• weiß

Rosafarbenes Set

● schwarz
S zyklamrot
X rot
I hummerrot
+ beige
# olivgrün
• sonnengelb

Fliederfarbenes Set

● indigoblau
S lavendel
X eisblau
I himmelblau
+ beige
# olivgrün
• goldgelb, dunkel

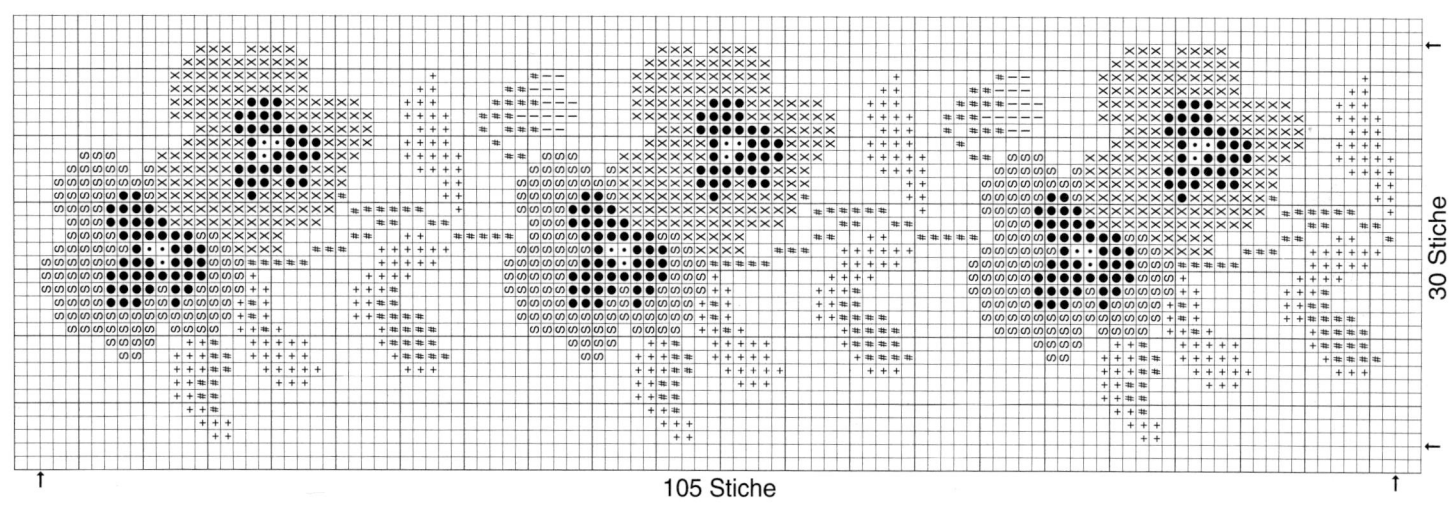

105 Stiche

30 Stiche

Tulpen

Spielzeugbunt wie im Frühling, so sind die Tulpen über das Set verteilt. Das muntert jeden müden Morgenmuffel auf und bringt Stimmung auf das Balkontablett.

TABLETTDECKCHEN ODER SET

Abb. Seite 23
DAVOSA 3770/1 weiß

Motivgröße: 159 x 113 Stiche
Stoffgröße: 46,5 x 34,5 cm
Paspel: ca. 170 cm

Die Zählvorlage zeigt das ganze Set. Lassen Sie rundherum 1 cm Platz für die Paspel.

Wenn Sie den Abstand zwischen der linken Tulpenborte und den rechten Blüten verändern, paßt das Deckchen auf Ihr Tablett.

GLÄSERDECKCHEN

Abb. Seite 23
DAVOSA 3770/1 weiß

Motivgröße:
25 x 23 Stiche = ca. 7 x 6,5 cm
Stoffgröße: ca. 20 cm Durchmesser
Paspel: ca. 65 cm

Das Motiv in die Mitte des Deckchens plazieren.

SERVIETTE

Abb. Seite 23
DAVOSA 3770/1 weiß

Motivgröße:
23 x 24 Stiche = ca. 6,5 x 6,5 cm
Stoffgröße: 35 x 35 cm
Paspel: ca. 150 cm

Das Tulpenmotiv so auf die Serviette plazieren, daß vom linken Rand 6 cm und vom unteren Rand 22 cm Abstand sind.

STICKTWIST, 3-fädig

1 KÄSTCHEN = 2 GEWEBEFÄDEN

Zählvorlage
auf Seite 22

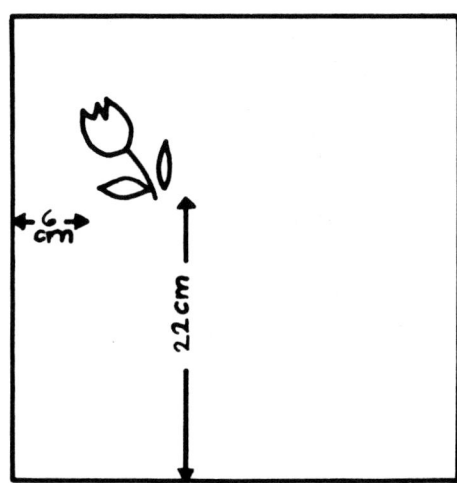

21

Tablettdeckchen oder Set

● himmelblau
\# rot
V gelb
+ ginstergelb
▲ grasgrün
S birkengrün

Gläserdeckchen
(Tulpe rechts unten)

● violett
▲ grasgrün
S birkengrün

Serviette
(Tulpe links oben)

\# rot
▲ grasgrün
S birkengrün

← 82 Stiche →

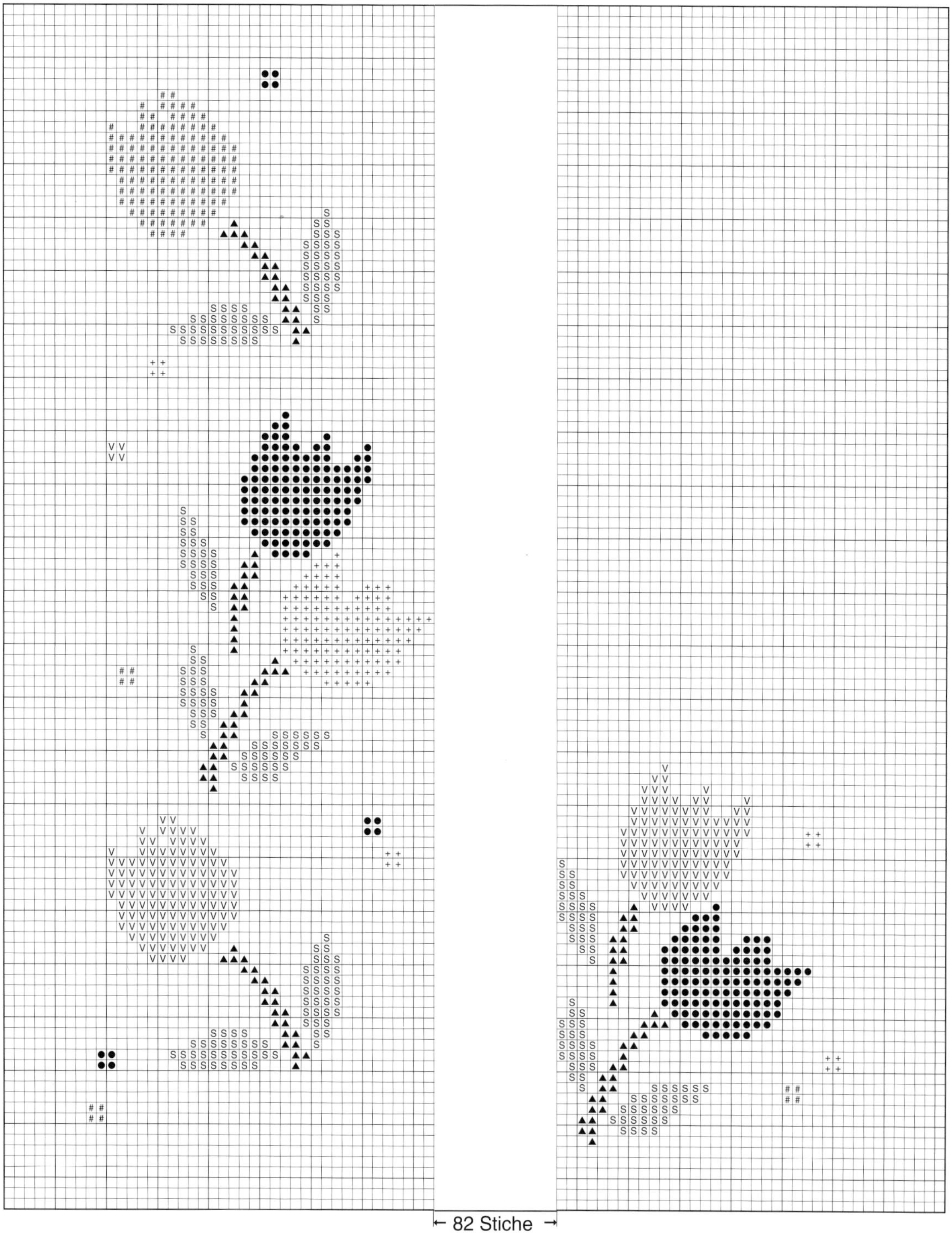

FRÜHLINGSDECKE

In leuchtenden Frühlingsfarben winden sich gelbe Tulpen mit frischem Birkengrün zu einem sonnigen Kranz auf Ihrem Tisch.

MITTELDECKE
LUGANA 3835/100 weiß

Motivgröße:
232 x 232 Stiche = 46, 5 cm ⌀
Stoffgröße: ca. 93 x 93 cm
Saum: Hohlsaum 4 cm

STICKTWIST, 2-fädig

1 KÄSTCHEN = 2 GEWEBEFÄDEN

Die Decke von der Mitte aus einteilen und die Mittellinien mit Heftfäden markieren.
Die Zählvorlage zeigt etwas mehr als ein Viertel der Decke. Zum Sticken die Zählvorlage nach jeweils einem Viertel drehen und an der gestrichelten Linie anstoßen lassen.
Ca. 38,5 cm von der Deckenmitte entfernt einen doppelten, 4 cm breiten Hohlsaum arbeiten (Anleitung auf Seite 7).

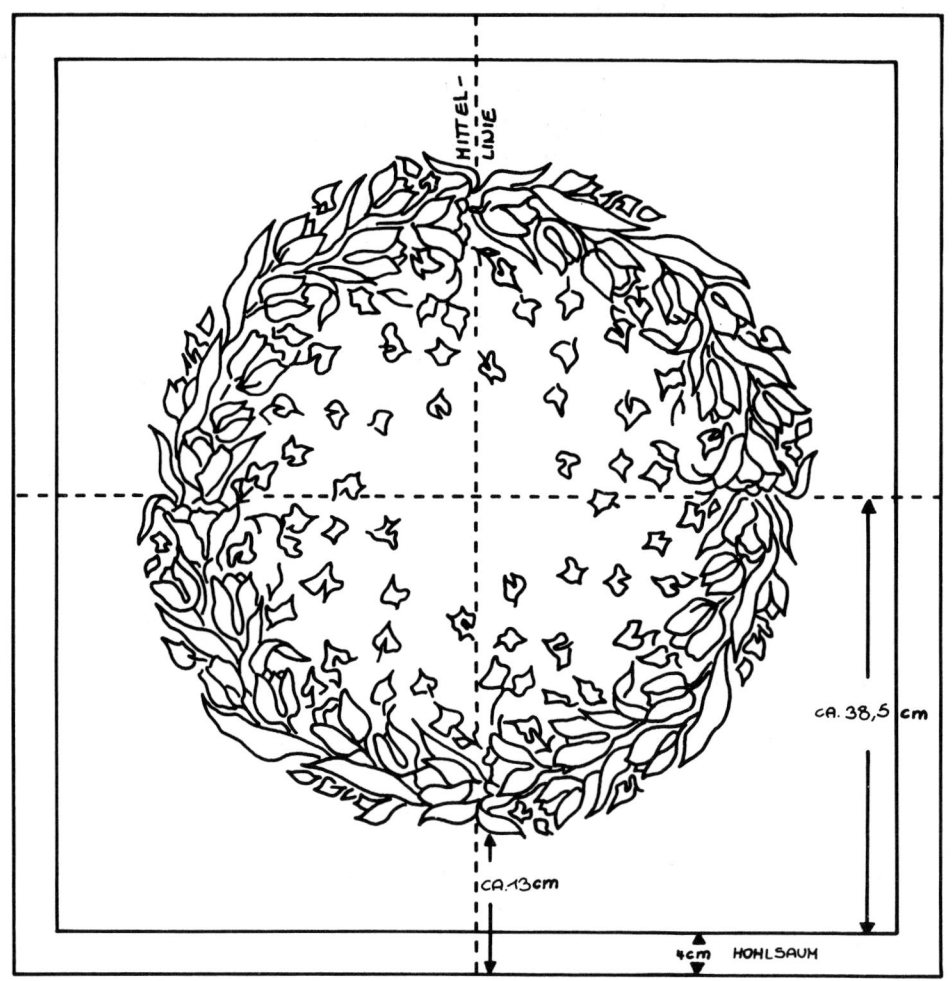

Zählvorlage auf Seite 57

Blauer Lein, Glockenblumen und Winden

Auch wenn die Zeit knapp wird und nur ein Abend Zeit ist, ein liebevolles Geschenk zu zaubern, können Sie sich an diese Topflappen wagen. Sie sind bestimmt in Großmutters Küche genauso willkommen wie bei einer jungen Köchin.

RUNDER TOPFLAPPEN
LUGANA 3835/100 weiß

Motivgröße:
65 x 66 Stiche = 13 x 13 cm
Stoffgröße: ca. 22 x 22 cm
Stoffzuschnitt: 22 cm Durchmesser
Vlies zum Füttern genauso zuschneiden
Paspel: ca. 85 cm

STICKTWIST, 2-fädig

1 KÄSTCHEN = 2 GEWEBEFÄDEN

Die Stickerei in die Mitte des Stoffkreises plazieren. Die Ausarbeitung erfolgt, wie beim Herz-Topflappen beschrieben.

HERZ-TOPFLAPPEN
LUGANA 3835/100 weiß

Motivgröße:
51 x 49 Stiche = ca. 10 x 9,5 cm
Stoffgröße: ca. 20 x 20 cm
Stoffzuschnitt: gemäß Schnittzeichnung
Vlies zum Füttern genauso zuschneiden
Paspel: ca. 75 cm

STICKTWIST, 2-fädig

1 KÄSTCHEN = 2 GEWEBEFÄDEN

Den bestickten Stoff, ein zweites Stück Stoff und Vlies zum Füttern ca. 20 x 20 cm groß zuschneiden. Den Vliesstoff zwischen beide Stoffteile legen und alle drei Lagen zusammenheften. Gemäß Schnitt auf Seite 29 zuschneiden.
Für den Aufhänger ca. 10 cm Paspel zusammensteppen. Die Herzform mit der Paspel umnähen und den Aufhänger laut Zeichnung (Seite 29) mit einsteppen.

Tip: Wenn Sie die Paspelenden zur Schleife binden, sind die Herztopflappen auch ein freundlicher Türschmuck.

Winden

● braun
V goldgelb
· weiß
▲ grasgrün
+ schilfgrün
S dunkelgrün
perlrosa
O antikrosa
| altrosa, dunkel
Konturen: altrosa, dunkel

Blauer Lein

· gelb
X graugrün
O schilfgrün
/ hellblau
● mittelblau
◗ dunkelblau

Glockenblumen

/ hellblau
S mittelblau
● dunkelblau
Linien: dunkelblau
Konturen: mittelblau

Zählvorlagen auf Seite 28 und 29

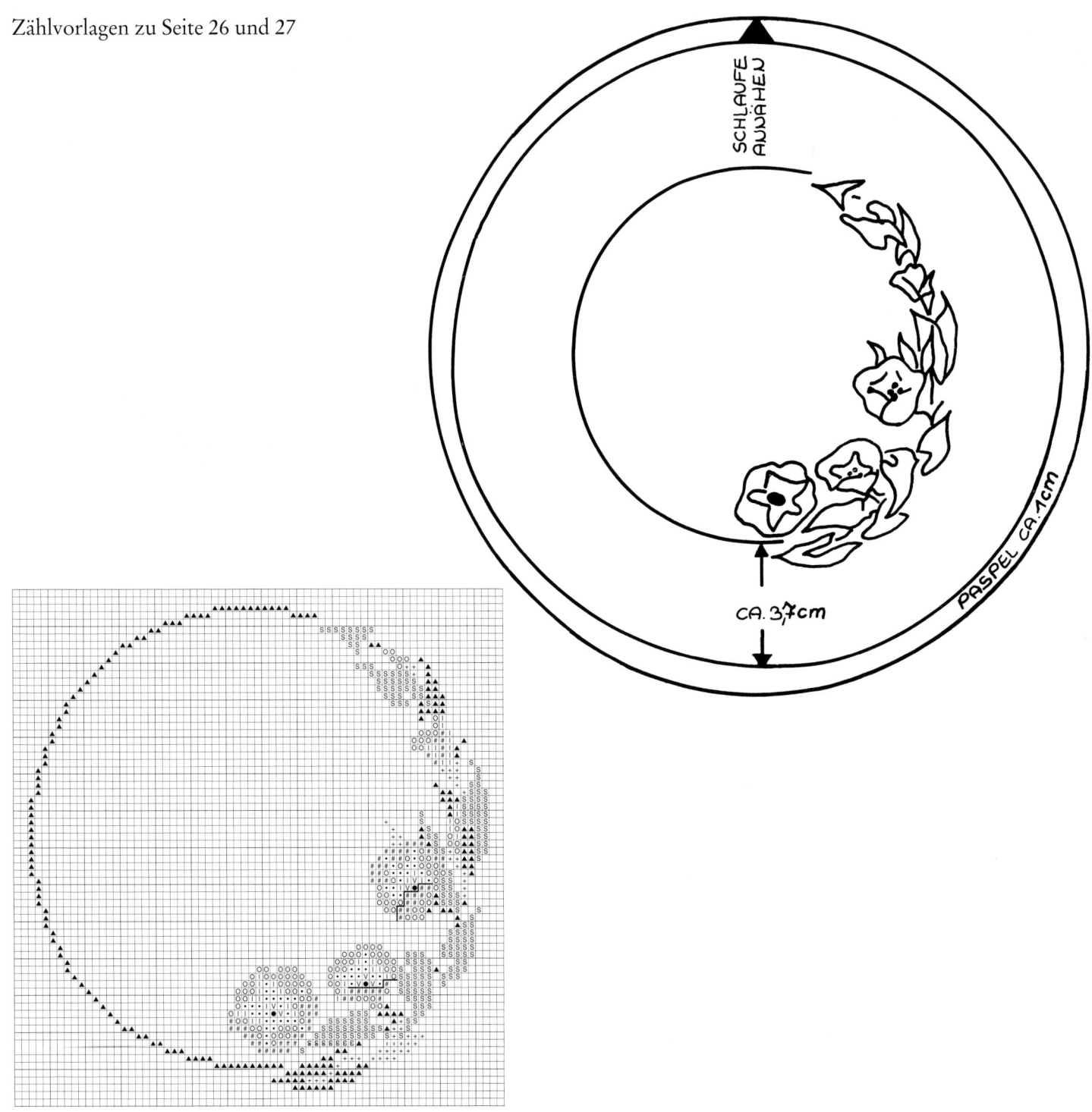

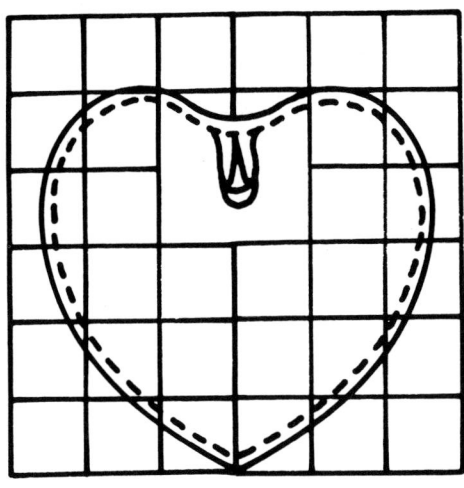

1cm ≙ 3,5 cm IM ORIGINAL

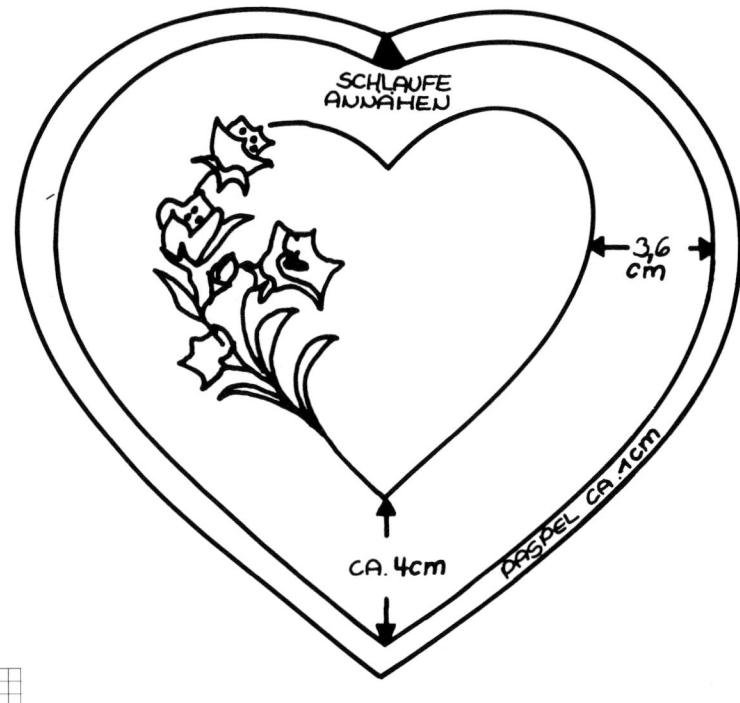

SCHLAUFE ANNÄHEN

3,6 cm

CA. 4cm

PASPEL CA. 1cm

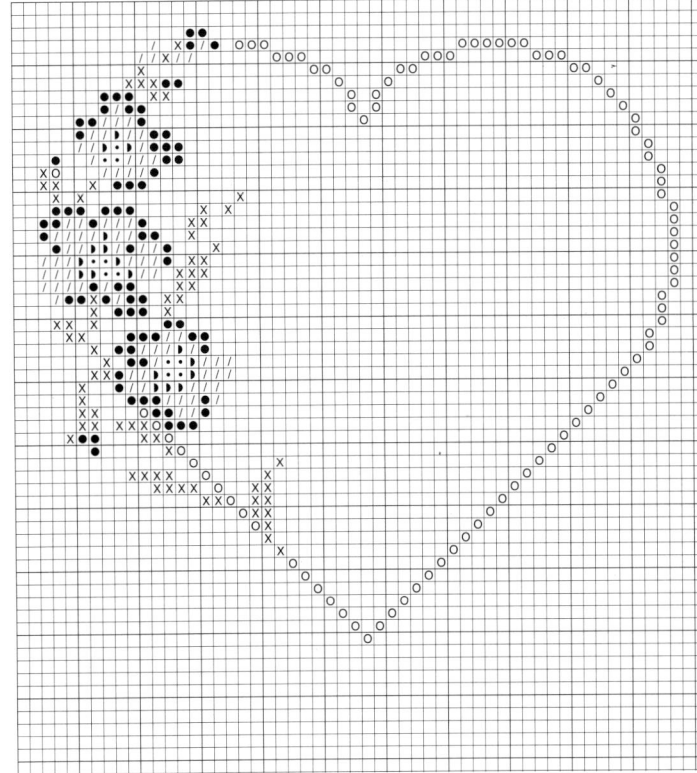

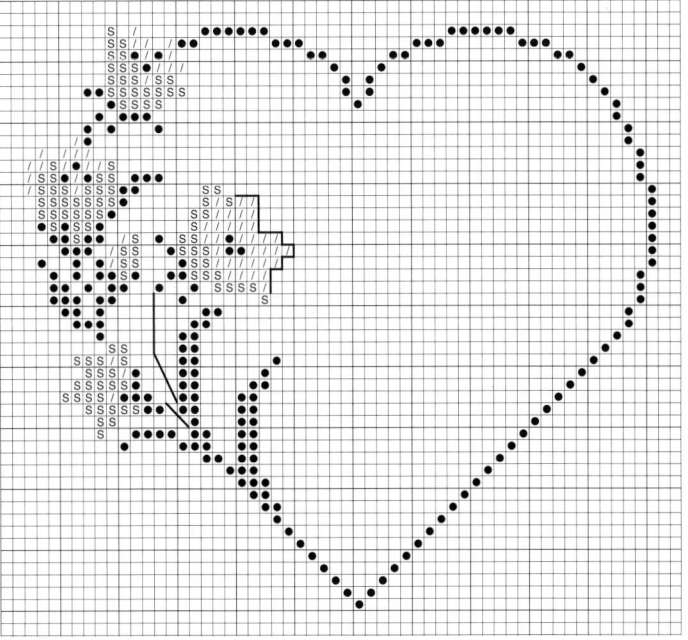

Roter Bauernlein

Zu einem Frühstück mit knusprigen Brötchen, Croissants und duftendem Kaffee, gemahlen in der alten Kaffeemühle, das passende, romantische Brotkorbdeckchen im Folklorestil, geschmückt mit den roten Blüten des Bauernleins. Ganz einfach zu sticken.

BROTKORBDECKCHEN
DUBLIN 3604/23 natur-meliert

Motivgröße:
148 x 148 Stiche = ca. 30 x 30 cm
Stoffgröße: 55 x 55 cm
Saum: Hohlsaum 2,5 cm
Fertiggröße: 45 x 45 cm

STICKTWIST, 2-fädig

1 KÄSTCHEN = 2 GEWEBEFÄDEN

Die Decke von der Mitte aus einteilen und die Mittellinie mit Heftfäden markieren. Die Zählvorlage zeigt eine Seite und zwei Ecken des Deckchens. Zum Sticken wird sie gedreht. Die gestrichelte Linie in der Zeichnung entspricht der Mittellinie (Heftfaden).

Nach dem Sticken in 20 cm Abstand von der Deckenmitte einen doppelten, 2,5 cm breiten Hohlsaum arbeiten (Anleitung auf Seite 7).

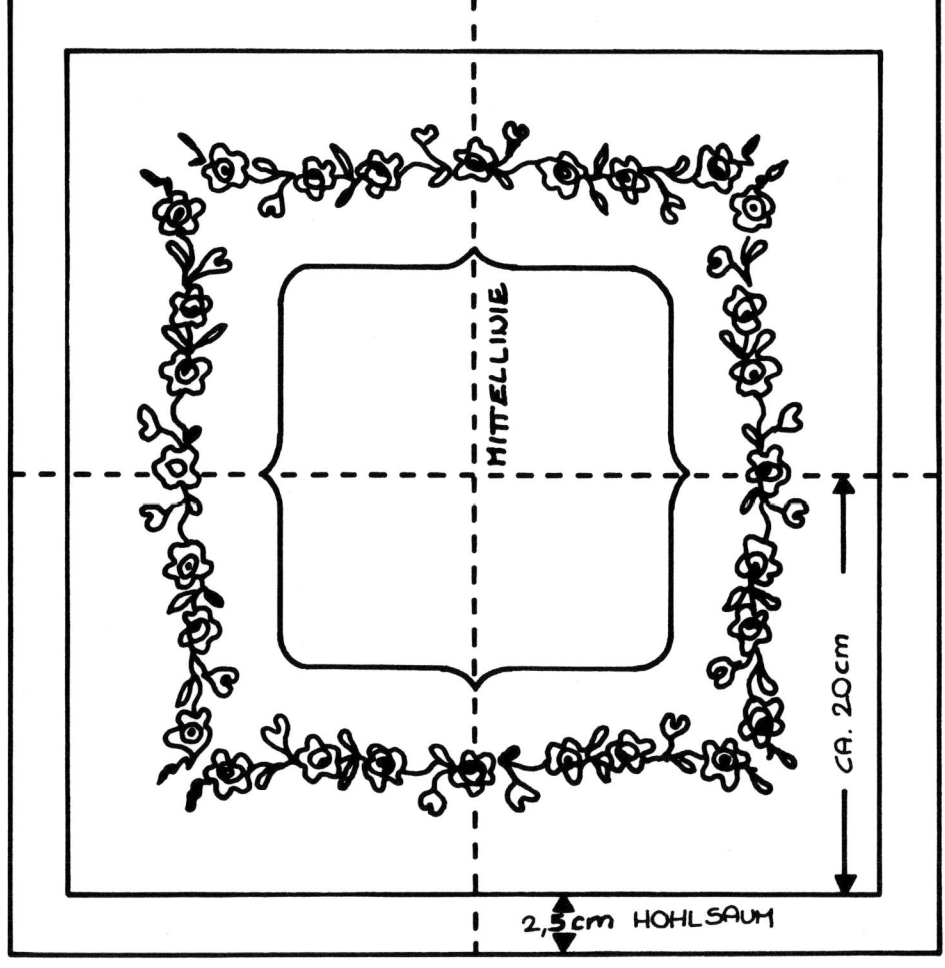

MITTELLINIE

CA. 20cm

2,5cm HOHLSAUM

Zählvorlage auf Seite 32 und 33

Zählvorlage zu Seite 30 und 31

O rot
● schwarz
/ grün

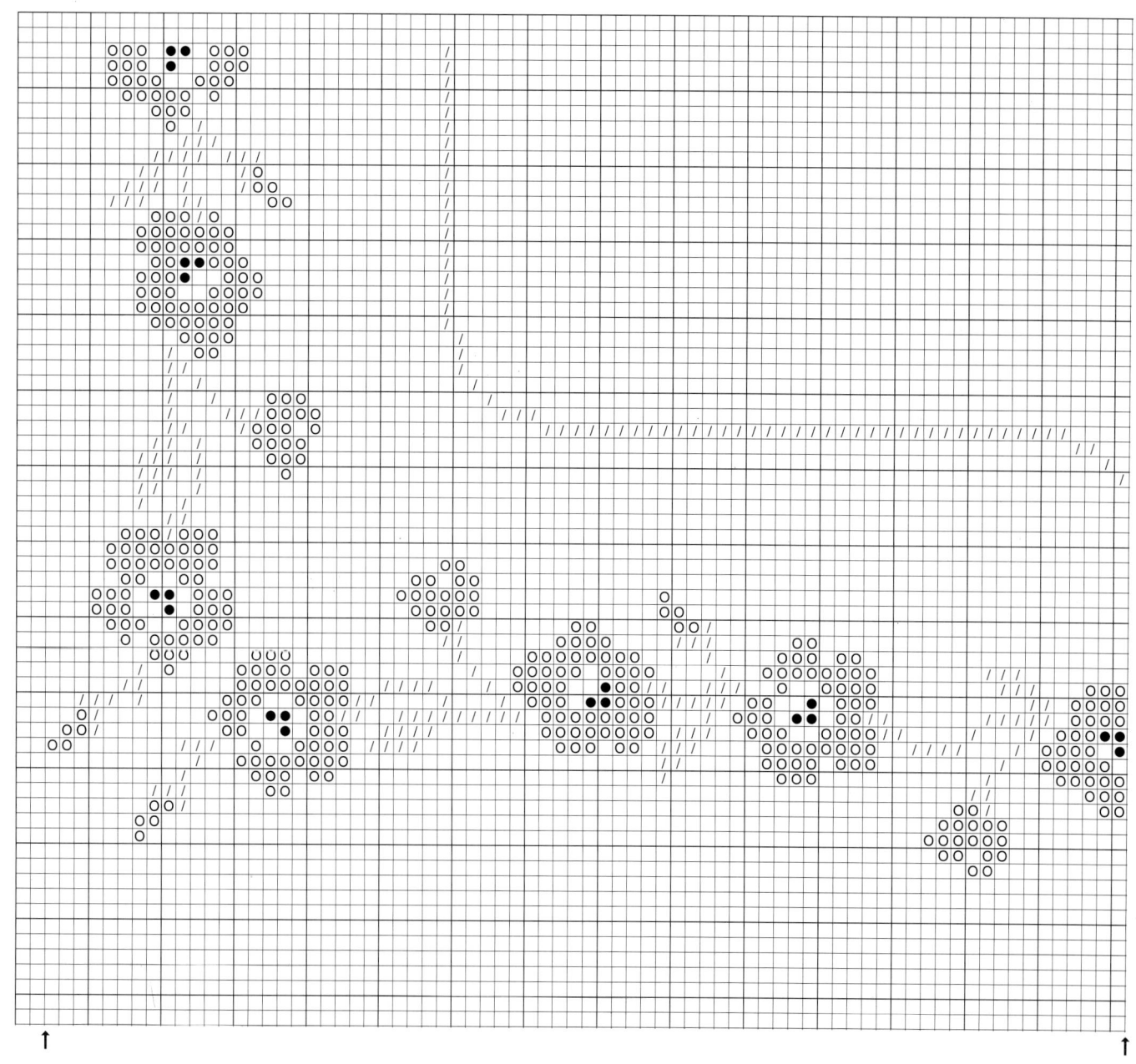

↑   ↑
                                                                                   Mitte

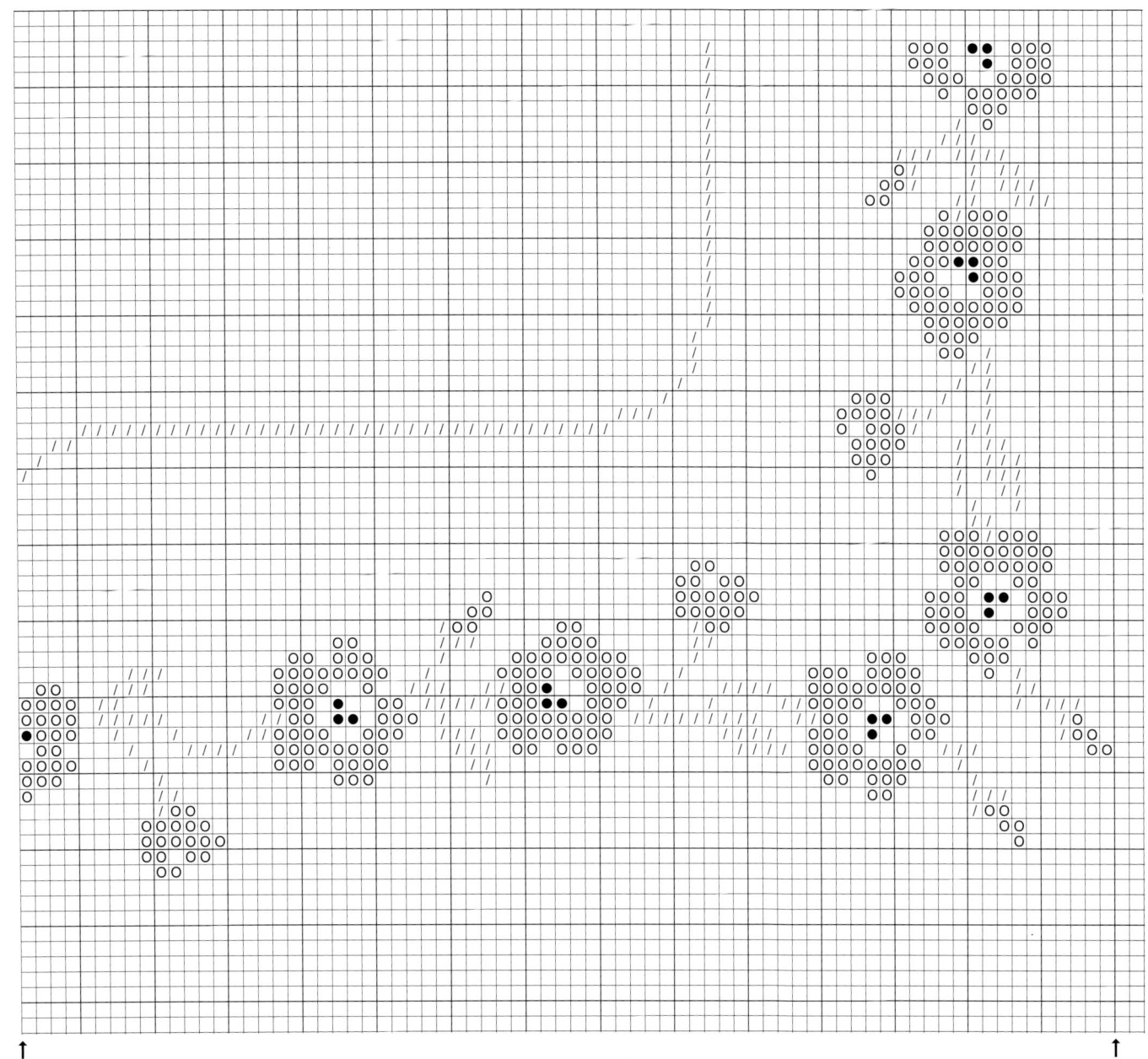

Veilchen und Lavendel

Ob als kleines Bild in Küche oder Eßzimmer oder als Grußkarte, diese Miniaturen, nach der Natur auf Leinen gestickt, bezaubern jeden und sind schnell fertiggestellt.

BILD VEILCHEN

DUBLIN 3604/222 creme

Motivgröße:
26 x 31 Stiche = 5,3 x 6,2 cm
Stoffzuschnitt: 20 x 20 cm
Rahmengröße: 10,5 x 10,5 cm

STICKTWIST, 2-fädig

1 KÄSTCHEN = 2 GEWEBEFÄDEN

Beide Stickereien sind diagonal gerahmt und mit Vlies unterlegt. Die Beschreibung für die Montage finden Sie auf Seite 10.

BILD LAVENDEL

DUBLIN 3604/222 creme

Motivgröße:
32 x 46 Stiche = 6,7 x 9 cm
Stoffzuschnitt: 26 x 26 cm
Rahmengröße: 14,5 x 14,5 cm

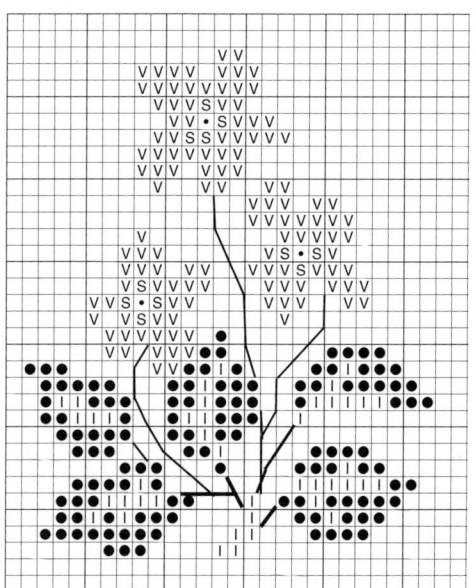

Veilchen

S schwarz
V lavendel
● dunkelgrün
I olivgrün
• gelb
Blütenstiele: birkengrün
Blattstiele: dunkel- und olivgrün

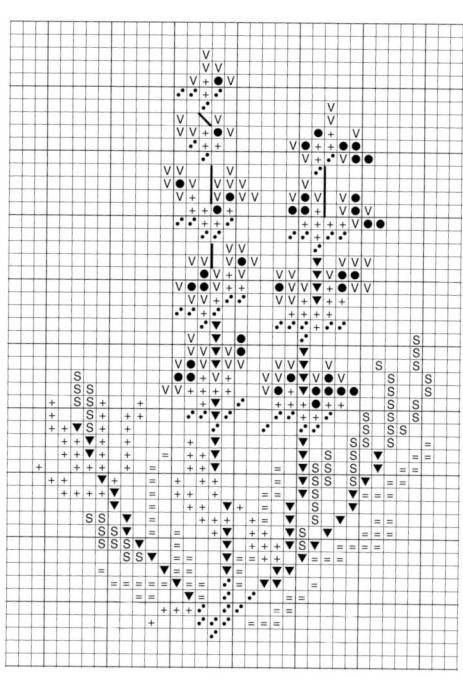

Lavendel

= dunkelgrün	S schilfgrün
▼ graugrün	● lavendel, dunkel
+ smaragdgrün	V lavendel, hell
	•̇ beige
	Linien: graugrün

DUFTSÄCKCHEN

ANNABELLE 3240/100 weiß

Stoffzuschnitt: 28 x 19 cm
Fertigmaß ohne Spitze: 13 x 18 cm
Spitze: 7270/weiß, ca. 20 cm

LAVENDEL

Motivgröße:
33 x 46 Stiche = ca. 6 x 8,5 cm

VEILCHEN

Motivgröße:
26 x 31 Stiche = ca. 4,8 x 5,6 cm

STICKTWIST, 2-fädig

1 KÄSTCHEN = 2 GEWEBEFÄDEN

Den Stoff gemäß Schemazeichnung besticken. Dabei 6,5 cm vom linken Rand die Mittellinie mit einem Heftfaden markieren. In der Zeichnung entspricht diese der gestrichelten Linie. Lavendel 4,5 cm vom unteren Rand beginnen, Veilchen 5 cm.
Nach dem Sticken auf die obere Kante Spitze nähen. Dann Boden- und Seitenkanten von links steppen.

Ein duftendes Mitbringsel für den Wäscheschrank oder die Truhe. Lavendelblüten aus der Provence oder Potpourri-Blüten in diese fein bestickten Stoffbeutelchen gefüllt – und alles ist von einem extravaganten Hauch Sommer erfüllt.

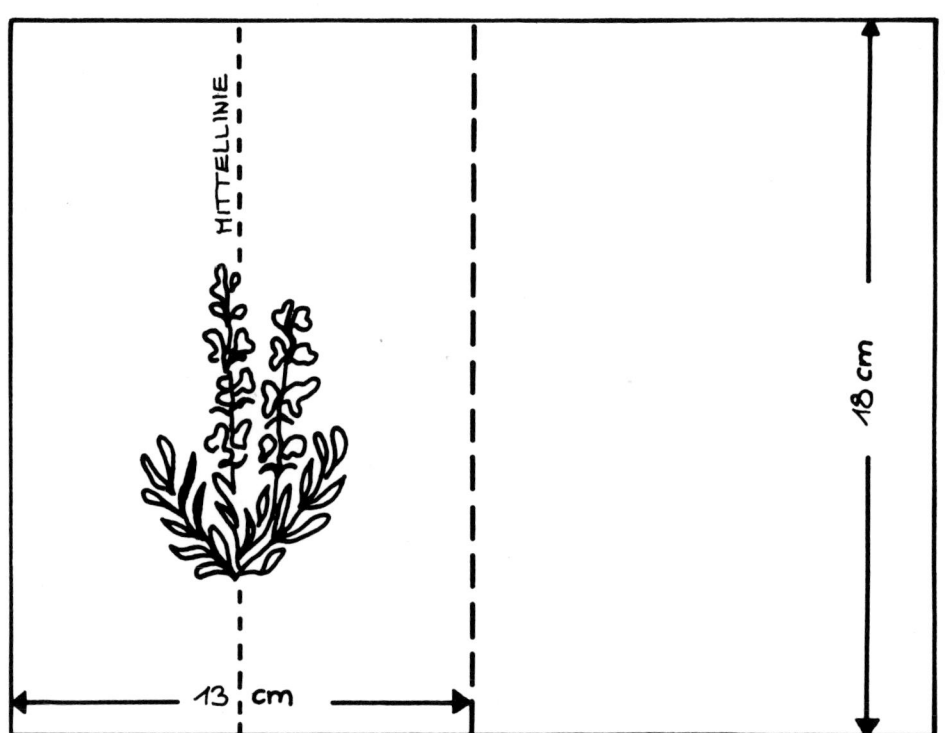

Zählvorlagen auf Seite 34

Blumen und Blüten

Stickmustertücher waren früher Motivsammlungen. Heute erleben sie eine Renaissance mit hohem Sammlerwert. Motive, die besonders gut gefielen, wurden frei auf einem Stoff zusammensortiert und Buchstaben- und Zahlenreihen dazugesetzt, um daraus später Teile nachzuarbeiten und die Kleidung oder Wäsche zu verzieren. Diese Idee liegt dem Blütenmustertuch zugrunde. In zarten Pastelltönen können Sie so Ihre eigene Mustersammlung zu einem wundervollen Wandschmuck werden lassen.

STICKMUSTERTUCH
DAVOSA 3770/264 creme

Motivgröße:
99 x 133 Stiche = ca. 28 x 37,5 cm
Stoffzuschnitt: je nach Rahmengröße

STICKTWIST, 3-fädig

1 KÄSTCHEN = 2 GEWEBEFÄDEN

Die Anleitung für das Rahmen finden Sie auf Seite 10.

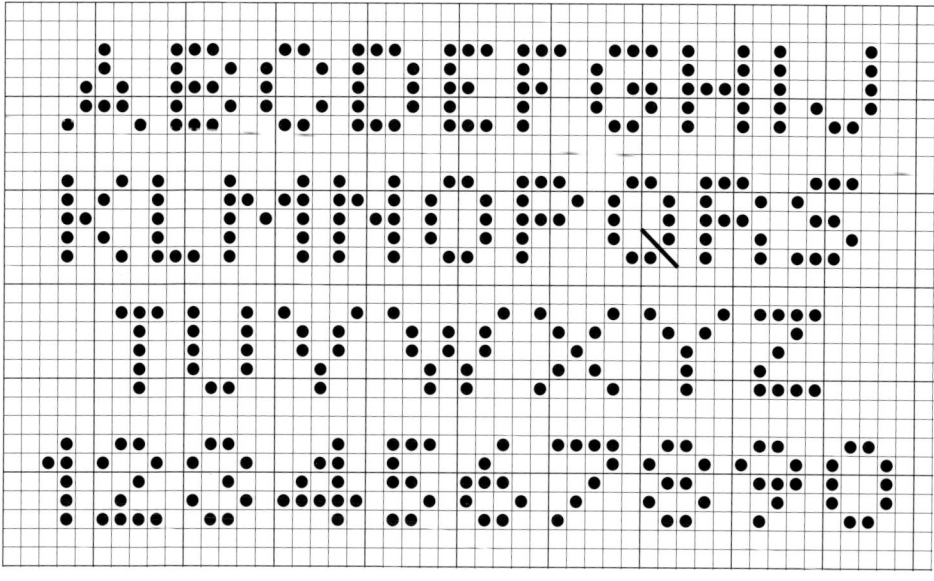

Zählvorlage auf Seite 40
und 41

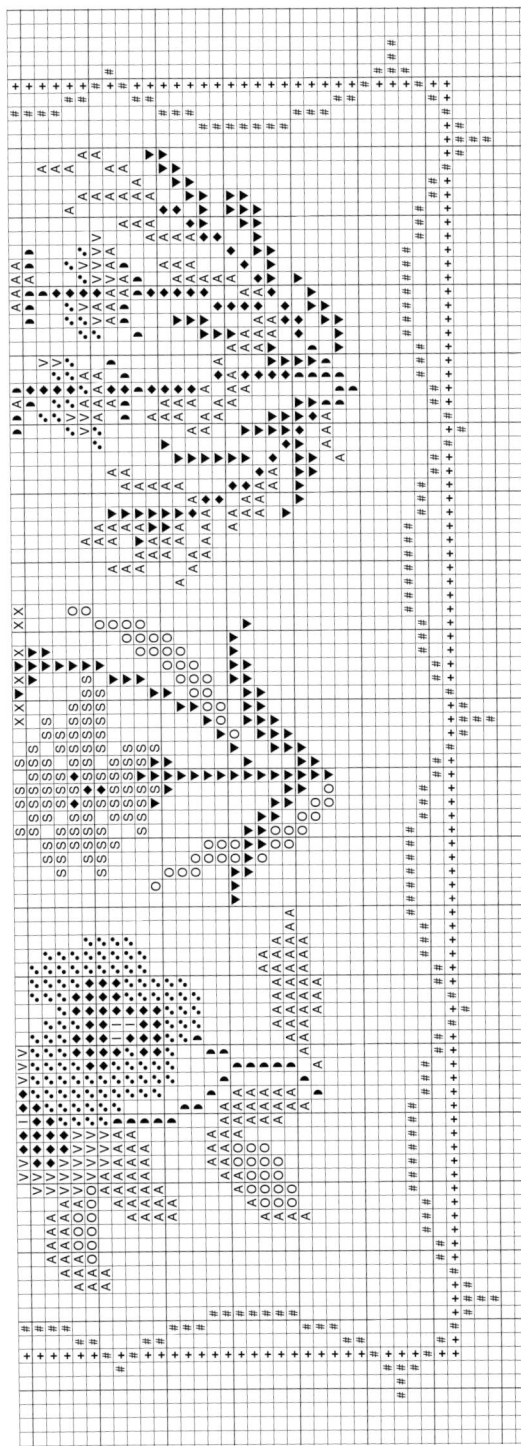

Zählvorlage zu Seite 38 und 39

+ taubenblau

taubenblau, hell

● taubenblau, dunkel

X cremerosa

I rosa

S altrosa, dunkel

A schilfgrün, hell

▼ schilfgrün

❱ braun

•• violett, hell

V antikviolett

◆ schwarz

O olivgrün

Blütenstiele Veilchen:
olivgrün

Blattstiele Veilchen:
schilfgrün

Linien Lavendel:
schwarz

Rosen

Für die klassische Küche in Blauweiß und passend zu Omas Küchenbüffet prächtig schattierte Rosen als Gardine. Edel gesäumt in Hohlsaumstich.

KÜCHENGARDINE

ANNABELLE 3240/100 weiß

Motivgröße:
165 x 46 Stiche = 44,5 x 12,5 cm
Rapport:
62 x 46 Stiche = ca. 16,5 x 12,5 cm
Stoffzuschnitt: ca. 70 x 100 cm
Gardinenmaß:
56 x 68 cm + 15 cm Überhang
+ 5 cm Borte
Borte: 7275/1, 5 cm breit
Bortenlänge: 58 cm

STICKTWIST, 3-fädig

1 KÄSTCHEN = 3 GEWEBEFÄDEN

Für die angegebenen Maße ist der Rapport zweimal gestickt + 41 Stiche. Dabei rechts ohne die obere Knospe beginnen und links ohne großes Rosenmotiv und dunkelblauen Stiel enden.

Die Gardine von der Mitte her einteilen und die Mittellinie mit Heftfaden

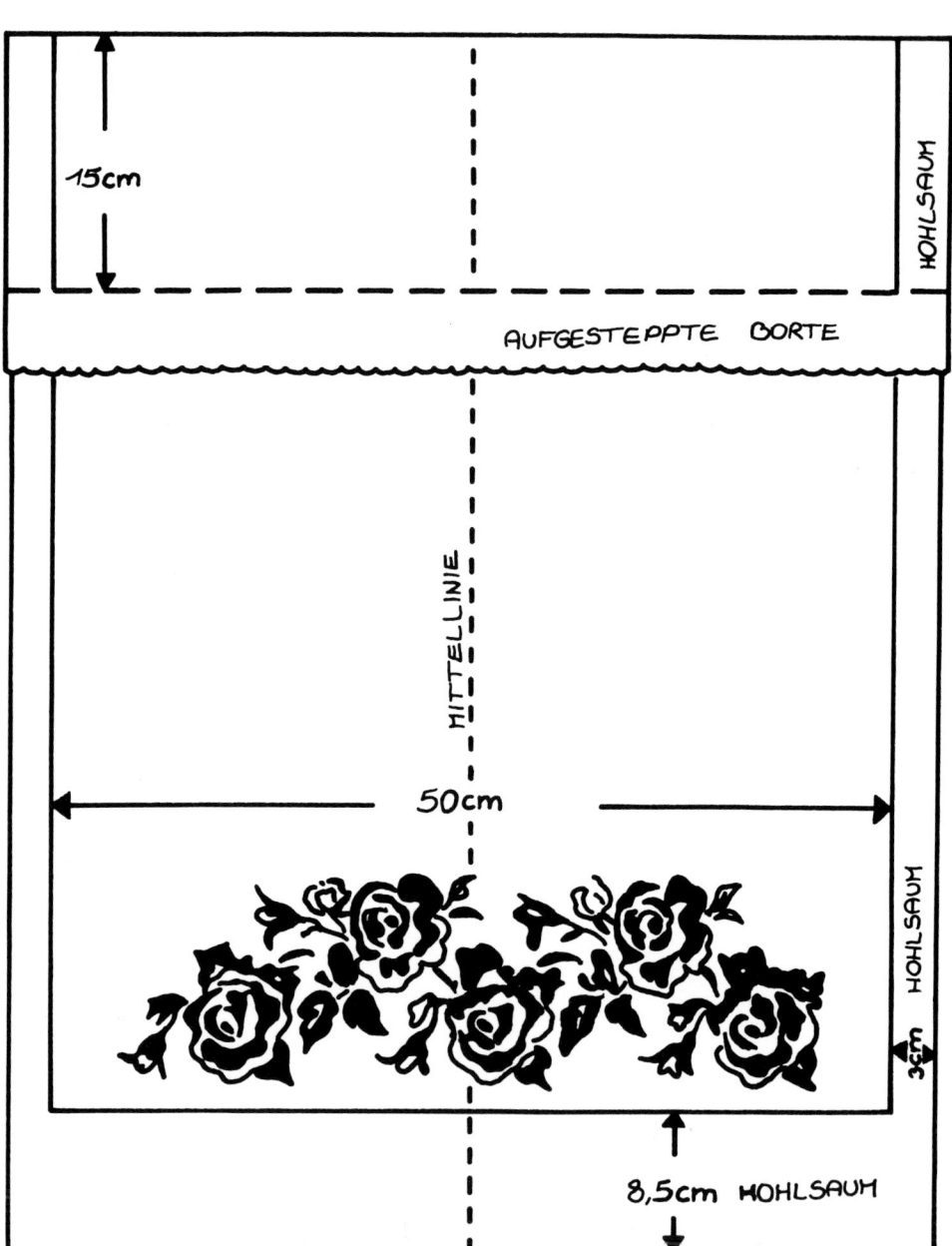

markieren. In der Zählvorlage ist der Mittelstich gekennzeichnet.

Nach dem Sticken rechts und links von der Mittellinie in 25 cm Abstand einen doppelten, 3 cm breiten Hohlsaum arbeiten (Beschreibung auf Seite 7). Die Länge berechnet sich 15 cm + Gardinenhöhe – 8,5 cm.

In ca. 1 cm Abstand zur Stickerei am unteren Gardinenrand einen 8,5 cm breiten Hohlsaum arbeiten.

An der oberen Kante die Gardine von der linken Seite her (beim Überhang schaut die linke Seite nach vorn) mit einer Borte versäubern.

Zählvorlage auf Seite 44 oben

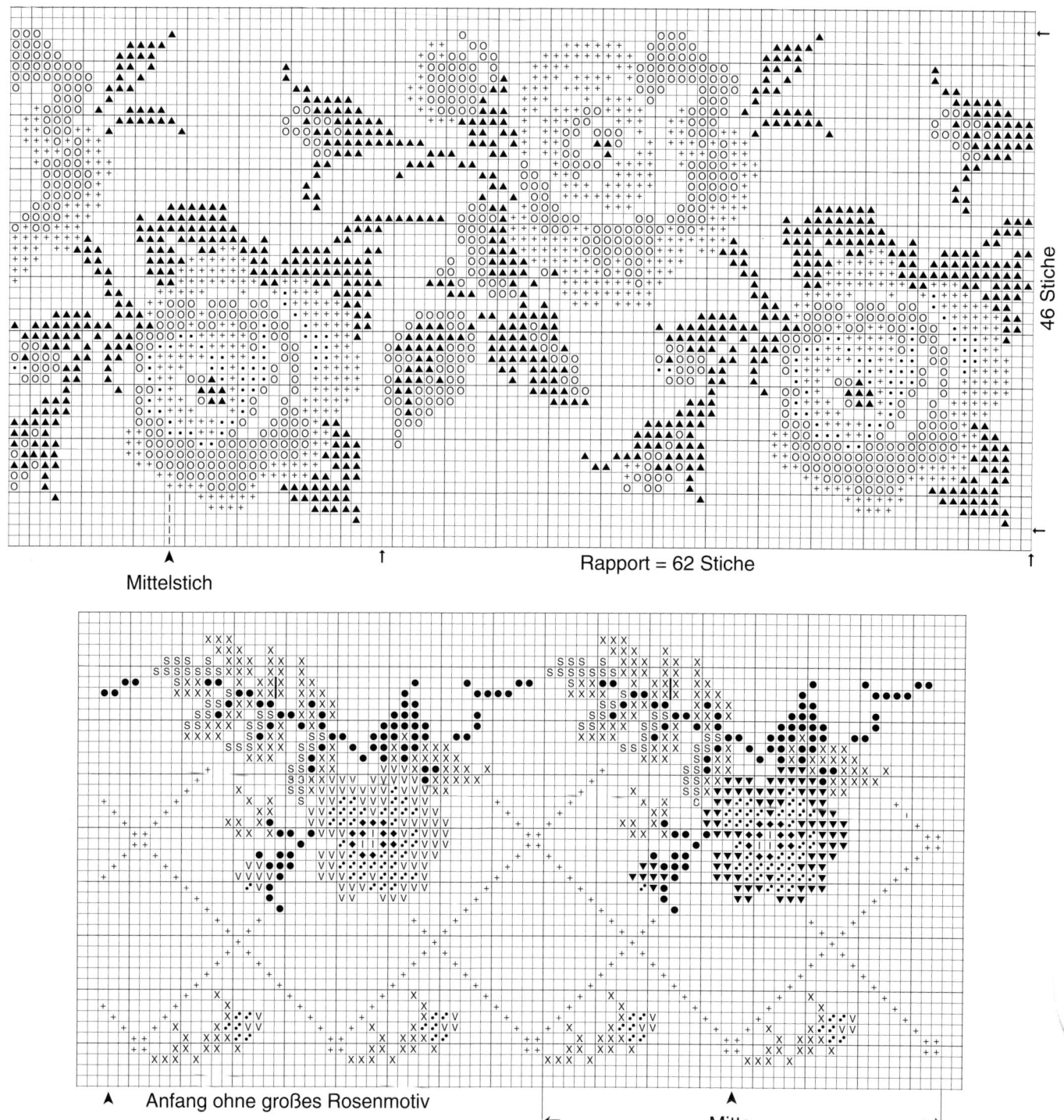

46 Stiche

Mittelstich

Rapport = 62 Stiche

Anfang ohne großes Rosenmotiv

Mitte
Rapport = 38 Stiche

44

▲ porzellanblau
O himmelblau, dunkel
+ himmelblau
· hellblau

Ob in Küche oder Bad, Überhand-
tücher haben Tradition und stehen auch
heute wieder hoch im Kurs.
Pastellig zart ranken diese Hecken-
rosen wie an einem Spaliergitter
entlang.

▼ apricot
V apricot, dunkel
•• antikrosa
I hellgelb
◆ braun
● oliv, dunkel
X schilfgrün
S hellgrün
+ beige
Linien: oliv, dunkel

ÜBERHANDTUCH
Abb. Seite 47
AIDA-Kreuzstichband 7008/1 weiß

Bandzuschnitt: 47 cm
Stoff: METRO Art. 3955/1 weiß oder ein
Waffelpikeehandtuch
Stoffgröße: 47 x 78 cm
Fertiggröße: 44 x 55 cm + 20 cm Überhang

STICKTWIST, 2-fädig

Die Bortenmitte markieren und die Stickerei von der Mitte her einteilen. In der Zählvorlage ist diese gekennzeichnet. Das mittlere Rosenmotiv ist dunkel-apricot. Fünf große Rosenmotive sticken, dann noch 40 Stiche nach beiden Seiten nur das Spaliergitter und die untere Röschenreihe.
Bandlänge = 40 Stiche Gitter + 5 x Rapport + 42 Stiche = 272 Stiche (siehe Schemazeichnung auf Seite 46).

Am einfachsten ist es, wenn Sie die gestickte Borte auf ein konfektioniertes, großes Waffelpikee-Handtuch aufnähen.
Wenn Sie das Originalhandtuch nacharbeiten wollen, einen weißen Waffelpikeestoff knappkantig absteppen. Dabei ist zu beachten, daß beim Überhang ca. 20 cm die linke Seite zur Schauseite wird, d.h. die Oberkante des Handtuchs und jeweils die oberen 20 cm an den Seiten müssen nach rechts gesäumt werden. Umschlagen und ca. 4 cm vom oberen Rand die Borte aufsteppen.

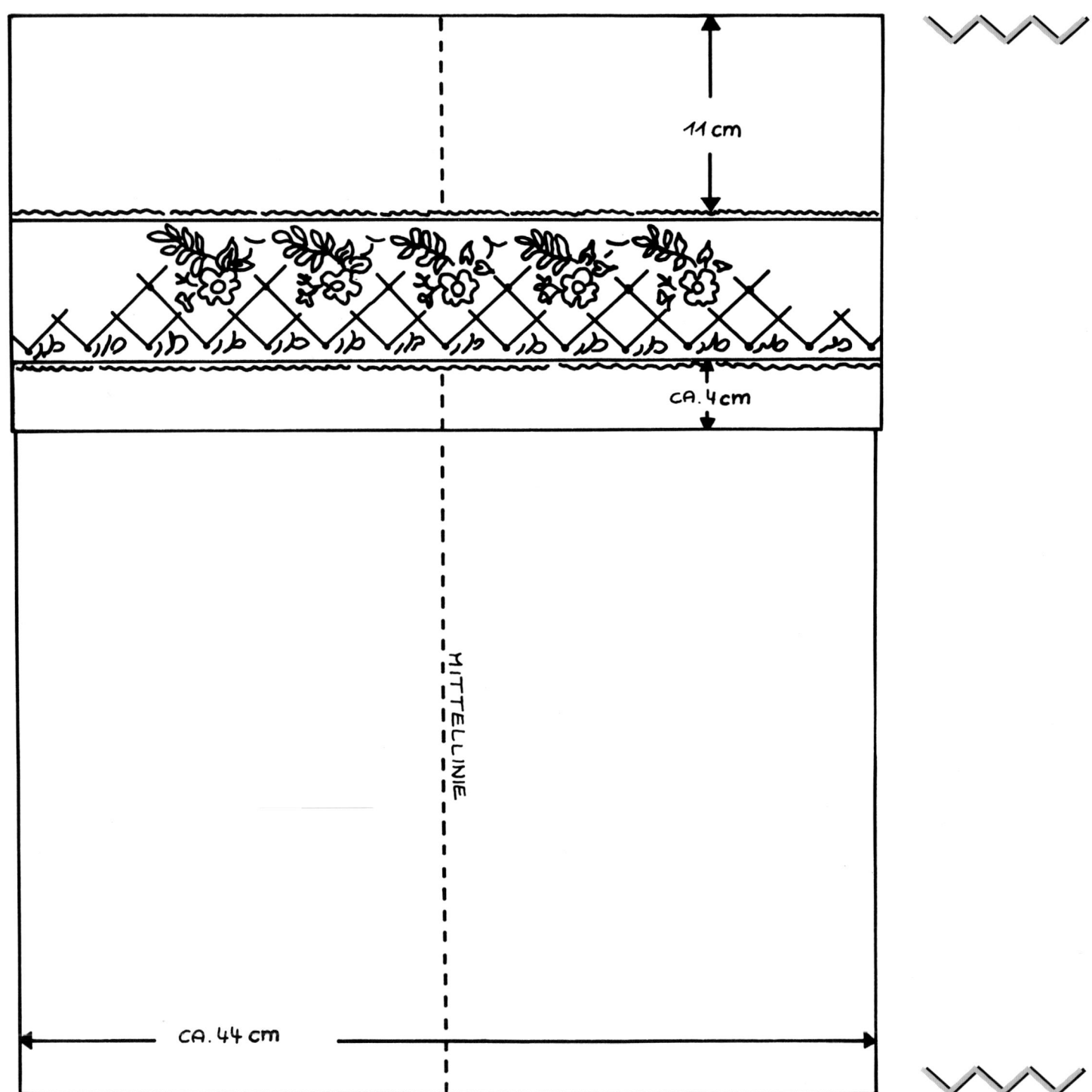

11 cm

CA. 4 cm

MITTELLINIE

CA. 44 cm

Erinnert Sie diese Sammlung von Rosen und Ranken nicht auch an die romantischen Glanzbilder im Poesiealbum?
Vielleicht nicht ganz so bunt und glitzrig, dafür aber mehr unserem Wohnstil angepaßt, kann dieses prächtige Stickbild auch bald in Ihrer Wohnung seinen Ehrenplatz finden.

STICKMUSTERTUCH
DUBLIN 3604/222 creme

Motivgröße:
110 x 144 Stiche = ca. 22 x 29 cm
Stoffzuschnitt: je nach Rahmengröße

STICKTIWST, 2-fädig

1 KÄSTCHEN = 2 GEWEBEFÄDEN

Die Anleitung für das Rahmen finden Sie auf Seite 10.

Zählvorlage auf Seite 50 und 51

Zählvorlage zu Seite 48 und 49

▼ antikrosa, dunkel
◗ antikrosa
• rosé
✳ zimtbraun
X apricot
•▪ cremerosa
● olivgrün, dunkel
/ olivgrün, hell
S schilfgrün, dunkel
schilfgrün, hell
V beige
■ braun
+ ocker
U goldgelb
O gelb
I hellbeige

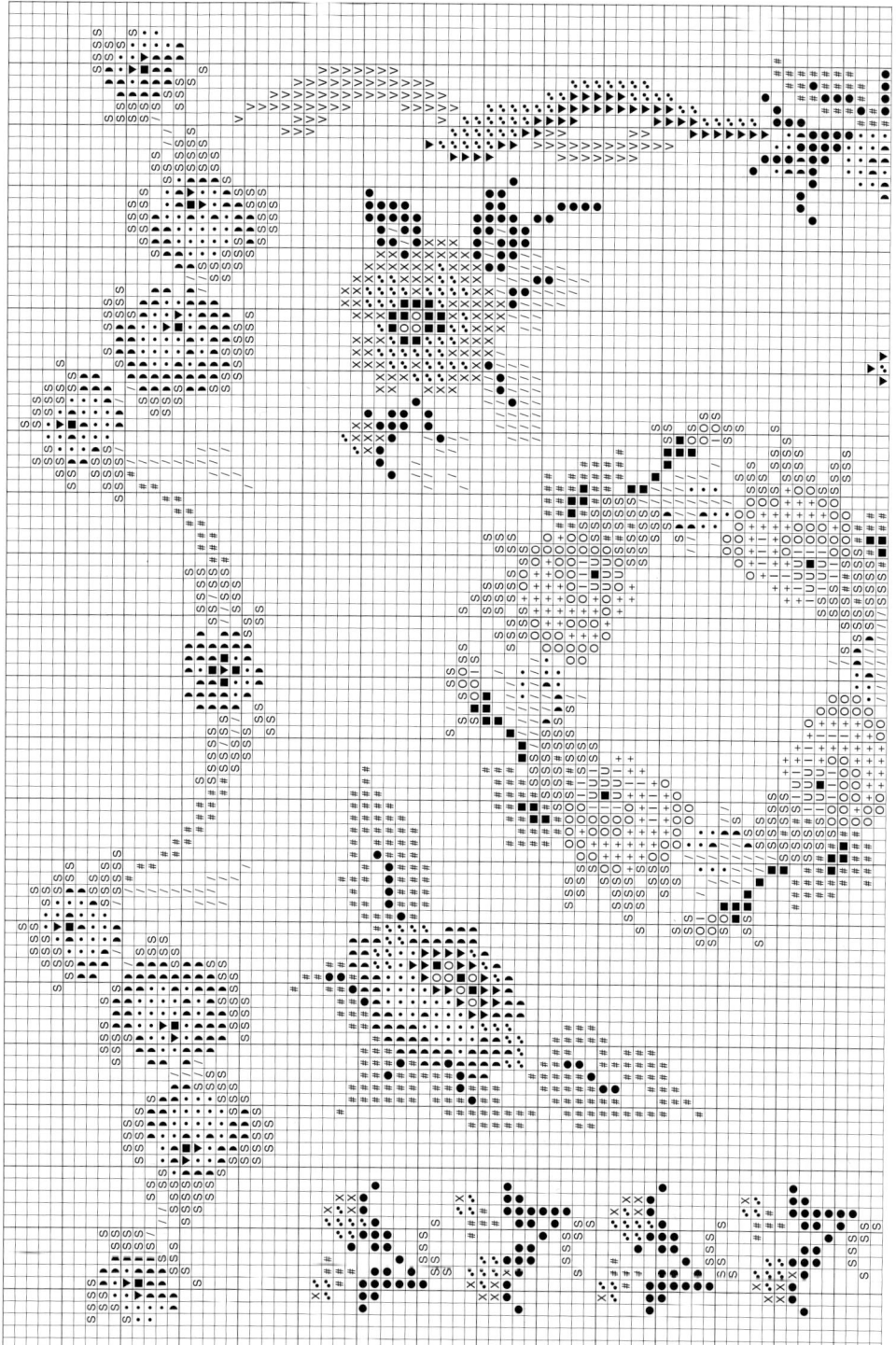

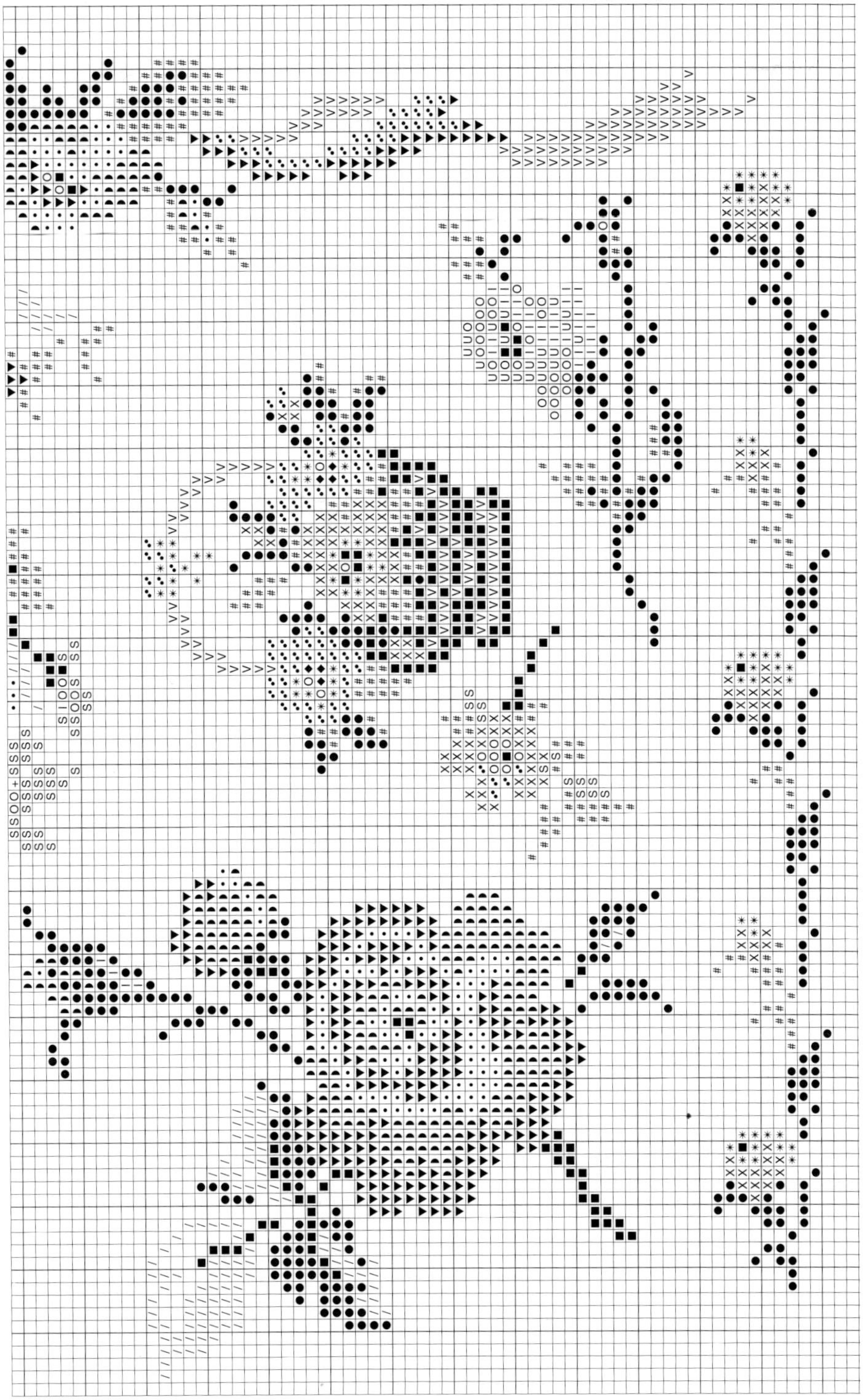

Iris und Seerosen

Wer würde sich nicht über diese duftig bestickten Frotteetücher freuen? Zarte Wasserpflanzen sind natürlich zu dekorativen Borten arrangiert. So wird aus einem einfachen Gästehandtuch ein individuelles Geschenk.

HANDTUCHBORTE IRIS

AIDA-Kreuzstichband 7107/161 weiß-mint

Motivgröße:
120 x 21 Stiche = 3 x Rapport
= ca. 20 x 3,5 cm

HANDTUCHBORTE SEEROSEN

AIDA-Kreuzstichband 7107/16 weiß-hellgrün

Motivgröße:
91 x 21 Stiche = 1 x Rapport
= ca. 15,5 x 3,5 cm

Bandlängen: 34 cm
Handtuchmaße: 31,5 x 49 cm

STICKTWIST, 2-fädig

Die Motive von der Bandmitte her einteilen und nach dem Sticken auf konfektionierte Gästetücher nähen.

Iris

O goldgelb
X himmelblau
◗ schilfgrün
+ resedagrün
◆ ginstergelb
kanariengelb
■ braun

Seerosen

• rosé
O antikrosa
S altrosa, dunkel
◗ braun
● grün
zartgelb

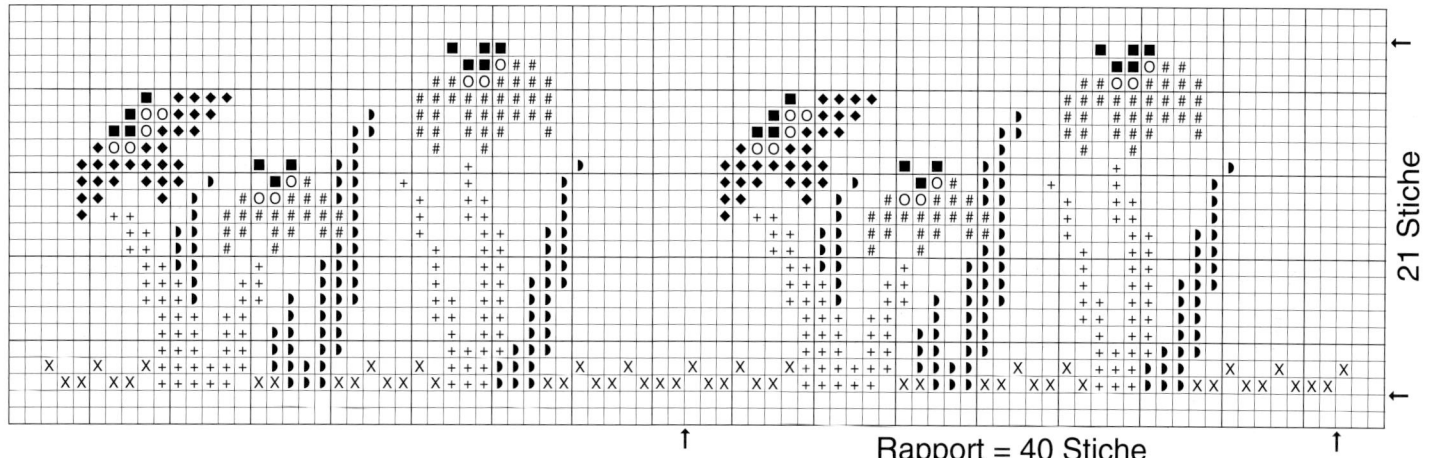

21 Stiche

↑ Rapport = 40 Stiche ↑

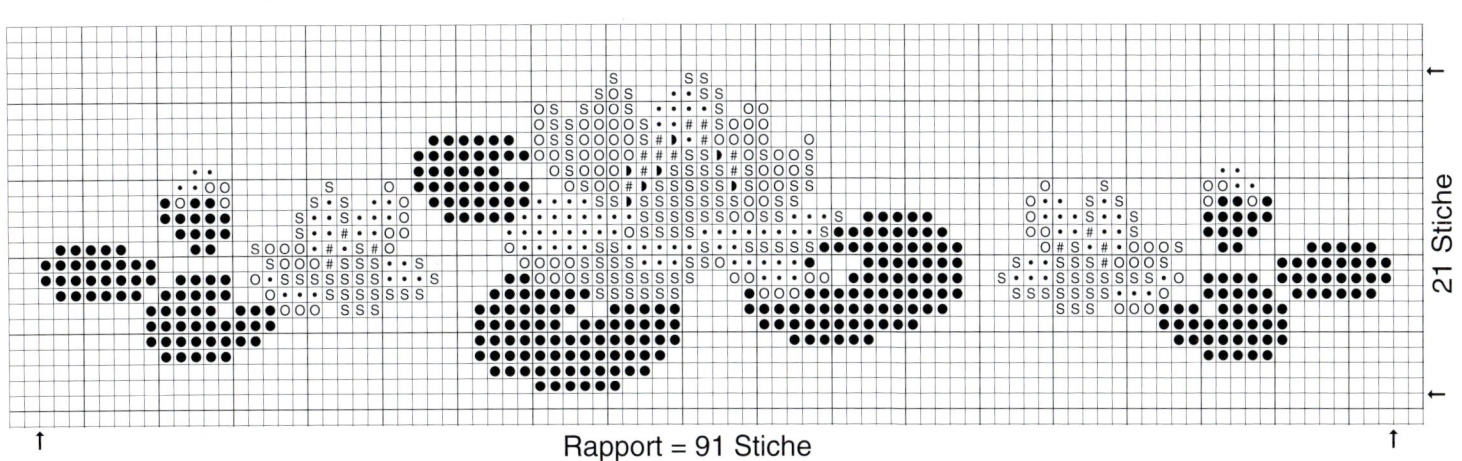

Rapport = 91 Stiche

21 Stiche

53

Die Iris war im Jugendstil wohl die am meisten stilisierte Pflanze. Sie zierte vom Vorhangstoff bis zu Vasen, Schmuck und Silber alles. Ihre geschwungenen Blatt- und Blütenformen eignen sich hervorragend für jede ornamentale Darstellung.
Sticken Sie sich doch auch eine dieser zeitlosen Blüten auf Ihr Set.

SETS IN ROSA UND VIOLETT
DAVOSA 3770/533 dunkelblau

Motivgröße:
137 x 85 Stiche = ca. 38 x 23 cm
Stoffzuschnitt: 49 x 35 cm
Fertiggröße: 43 x 29 cm

STICKTWIST, 3-fädig

1 KÄSTCHEN = 2 GEWEBEFÄDEN

Die Zählvorlage zeigt das gesamte Set. Einen 3 cm breiten, doppelten Saum so um das Set arbeiten, daß er auf der linken Seite am grünen Kreuzstichrand anstößt (Anleitung auf Seite 7).

Zählvorlage auf Seite 56

Zählvorlage zu Seite 24
und 25

Frühlingsdecke
X oliv, hell
▲ goldgelb
· sonnengelb
▶ gelb
● kanariengelb
blaßgelb
I graugrün
+ dunkelgrün
S oliv, dunkel
∗ bambusbeige
/ birkengrün
Linien: bambusbeige

Zählvorlage zu Seite 54
und 55

Rosa Set
V zyclam
• altrosa, hell
● altrosa, dunkel
+ grün
S maigrün
▶ graugrün

Violettes Set
V lila, hell
• lavendel
● lila, dunkel
+ grün
S maigrün
▶ graugrün

→ 84 Stiche ←

Mittellinie

Mittellinie

116 Stiche

116 Stiche

Alpenveilchen

Wer stickt und näht, dem kommt ein Nadelkissen gerade recht, besonders wenn es ein so hübsches ist. Einfach beginnen!

NADELKISSEN
LUGANA 3835/618 schilf

Motivgröße:
45 x 50 Stiche = ca. 9 x 10 cm
Stoffzuschnitt: 13 x 13 cm
Rückwand: Blümchenstoff, 13 x 13 cm
Paspel: ca. 60 cm, aus Blümchenstoff, wird zwischengenäht
Fertiggröße: ca. 12 x 12 cm

STICKTWIST, 2-fädig

1 KÄSTCHEN = 2 GEWEBEFÄDEN

Das Nadelkissen vor dem Zusammennähen mit Füllwatte ausstopfen.

X grün
S rosa
● weiß

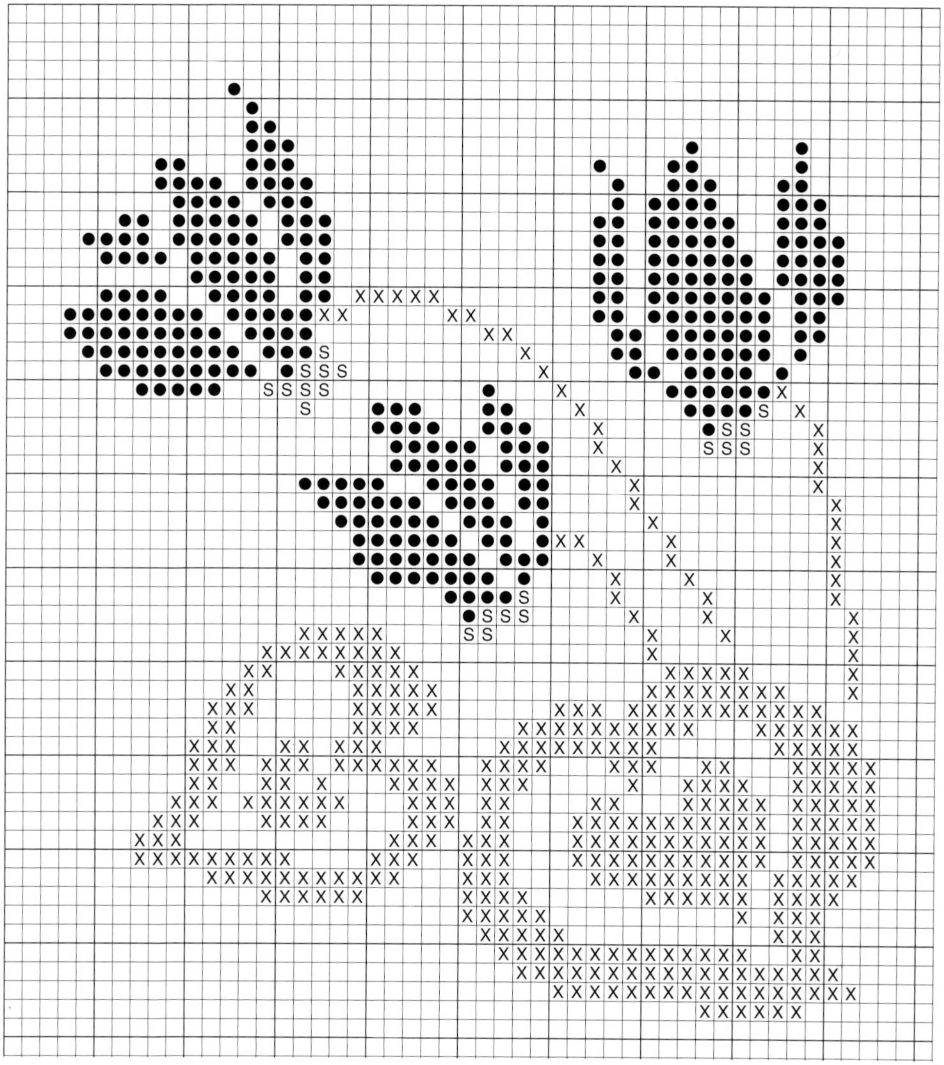

Immergrün

Hängt auch schon an Ihrer Eingangs-
tür ein so zauberhafter Kranz mit einer
Schleife aus Immergrün?
Diese freundliche Sitte kann man sich
ruhig zu eigen machen. Die Schleife ist
schnell gestickt und, mit etwas Geschick
gebunden, eine Zierde für jedes Haus.

SCHLEIFE

AIDA-Kreuzstichband 7008/3 creme

Motivgröße:
81 x 28 Stiche = ca. 13,5 x 4,5 cm
Bandlänge: 1 m

STICKTIWST, 2-fädig

Die Bandenden zur Spitze nähen und
von beiden Seiten her besticken. Die
Mitte zur Schleife zusammenfassen.
Die Anleitung für die Tütenecke finden
Sie auf Seite 7.

- • gelb
- / lavendel
- S lila
- ▲ grün
- # birkengrün
- ● schilfgrün
- ■ dunkelbraun

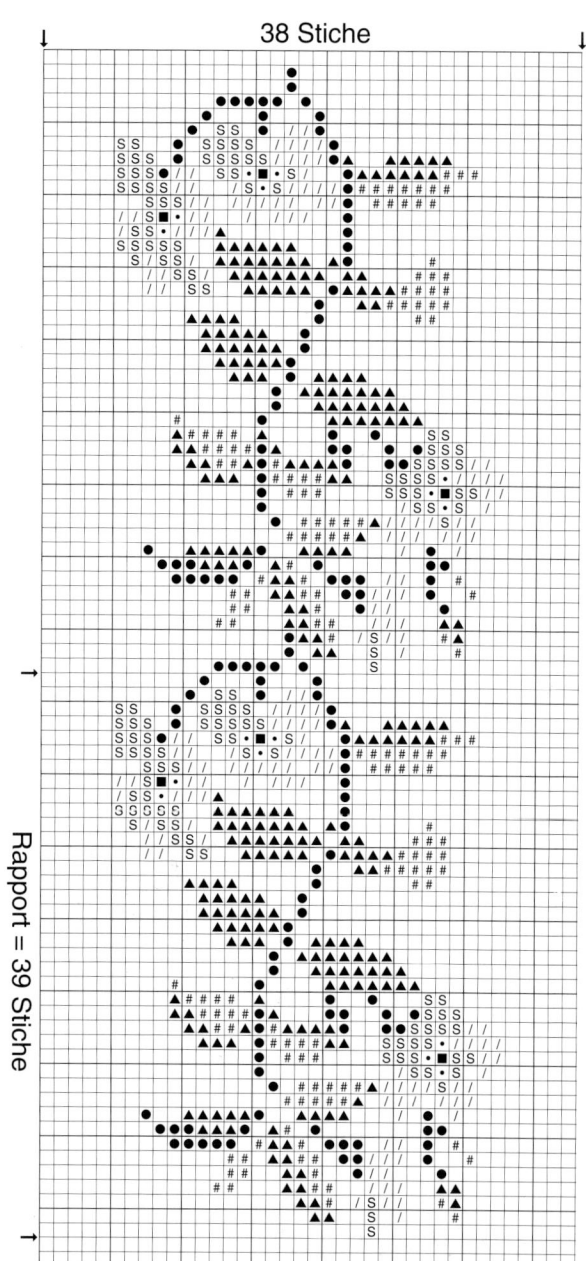

38 Stiche

Rapport = 39 Stiche

DAS ABC DER QUALITÄT

...WIE HANDARBEIT.
WEIL DER MENSCH NACH
SINNVOLLER, ENTSPAN-
NENDER UND KREATIVER
FREIZEIT STREBT.

Zweigart & Sawitzki, Postfach 120, D-71043 Sindelfingen

ZWEIGART:
*Der beste Grund für
Ihre Handarbeit.*

ZWEIGART®
Handarbeits-Stoffe

Für alle, die gern sticken, malen oder zeichnen haben wir noch mehr praktische Bücher.
er auch zum Thema Basteln und Gestalten. Und zu anderen schönen Hobbys. Lernen Sie
unser Gesamtprogramm kennen. So einfach ist es: Schicken Sie eine Postkarte an den

CHRISTOPHORUS-VERLAG,
Hermann-Herder-Straße 4, D-79104 Freiburg i.Br.
Oder rufen Sie uns an: Telefon (0761) 27 17-262, Fax: (0761) 27 17-352.

Unser Katalog kommt postwendend.

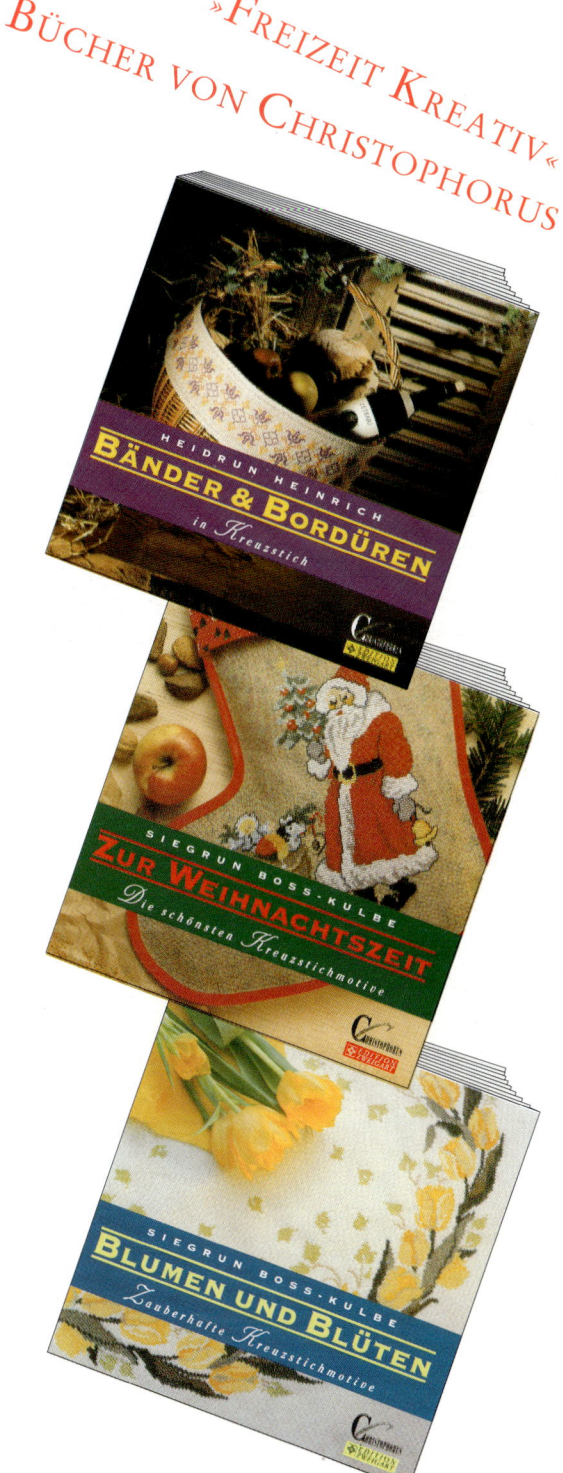

Jede gewerbliche Nutzung der Arbeiten und Entwürfe ist nur mit Genehmigung der Urheberin und des Verlages gestattet. Bei Anwendung im Unterricht und in Kursen ist auf dieses Buch hinzuweisen.

Umschlaggestaltung und Layout:
Network!, München
Styling und Fotos:
Peter Nielsen, Umkirch
Stickgrafiken:
Carsten Vogt
Zeichnungen: Andreas Weber
Reproduktionen:
Scan-Studio Hofmann, Gundelfingen
Satz: Erger & Wernet, Breisach
Herstellung:
Konkordia Druck GmbH, Bühl 1995

© 1993 Christophorus-Verlag GmbH
Freiburg im Breisgau

ISBN 3-419-53192-3

2. Auflage 1995